Barbara Wendelken
Oskar unter Verdacht

Barbara Wendelken

OSKAR
unter Verdacht

Mit Bildern von Ulrike Baier

Hase und Igel®

Für Lehrkräfte gibt es zu diesem Buch
ausführliches Begleitmaterial beim Hase und Igel Verlag.

MIX
Papier aus verantwortungsvollen Quellen
FSC® C043106

Dieses Buch erschien erstmals 1998 in der Edition Albarello,
Wuppertal, und 2002 im Hase und Igel Verlag.
Es wurde für die vorliegende Ausgabe neu illustriert und
in Zusammenarbeit mit der Autorin leicht überarbeitet.

www.hase-und-igel.de
Lektorat: Monika Burger, Patrik Eis
Satz: Appel Grafik München GmbH
Druck: Grafisches Centrum Cuno GmbH & Co. KG

ISBN 978-3-86316-171-2
1. Auflage 2022

Inhalt

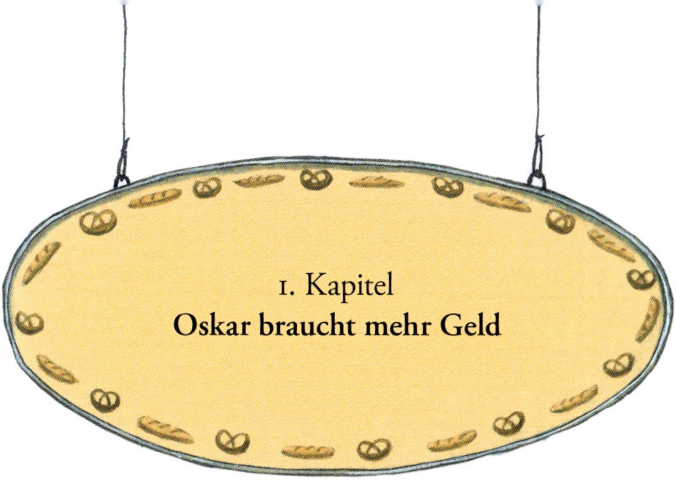

1. Kapitel
Oskar braucht mehr Geld

Also, wenn einer Oskar Nusspickel heißen muss, hat er es schwer genug im Leben. Das kann sich wohl jeder vorstellen. Wenn aber dieser Jemand, der das ganze Jahr über einen derartig albernen Namen mit sich rumschleppen muss, auch noch so arm ist wie eine Kirchenmaus, dann ist das wirklich die Höhe!

„Die anderen kriegen viel mehr Taschengeld als ich. Zehn Euro in der Woche oder sogar mehr!“ Trotzig verschränkte Oskar seine Arme vor der Brust. Das, was er da so einfach behauptete, war nicht einmal gelogen. Jedenfalls nicht richtig. Schlau wie er war, hatte er ja nicht gesagt, welche anderen er meinte: nämlich die Großen in der zehnten Klasse.

Leider tippte seine Mutter sich nur vielsagend gegen die Stirn. „Fabio kriegt auch vier Euro in der Woche, genau wie du. Ich weiß das von Frau Andreotti.“

„Ja, Fabio, der …“, musste Oskar zugeben. „Den meinte ich aber gar nicht. Ich sprach gerade von, von … also von …“ Hilflos fuchtelte er mit seinen Armen in der Luft herum. Beim besten Willen fiel ihm niemand aus seiner Klasse ein, der zehn Euro Taschengeld in der Woche bekam.

Seine Mutter sah ihn streng an. „Von Marina jedenfalls nicht. Die kriegt auch vier Euro. Ich habe ihre Mutter neulich auf dem Wochenmarkt getroffen.“

Wie hinterhältig Eltern sein konnten! Anscheinend hatten sie nichts Besseres zu tun, als durch die Gegend zu laufen und nach anderen Eltern Ausschau zu halten, um heimliche Absprachen über die Höhe des Taschengeldes ihrer Kinder zu treffen. Pfui Teufel!

„Marina?“, schimpfte Oskar. „Was geht mich diese Marina an? Die kriegt außerdem immer Geld von ihrer Oma zugesteckt. Mindestens dreißig Euro im Monat. Hat ihre Mutter dir das ebenfalls erzählt?“

Wie nicht anders zu erwarten, glaubte seine Mutter ihm mal wieder kein Wort. „Oho, dreißig Euro im Monat.“ Sie grinste. Und dann meinte sie, so eine großzügige Großmutter würde ihr auch noch fehlen.

An dieser Stelle brach Oskar das Gespräch ab. Wenn seine Mutter albern wurde, konnte man sowieso kein vernünftiges Wort mehr mit ihr reden.

Missmutig schlich er in sein Zimmer. Was für ein langweiliger Sonntag. Weit und breit war kein Mensch auf der Straße zu sehen. Höchstwahrscheinlich saßen alle anderen in der Eisdiele und bestellten sich gerade ein riesengroßes Eis mit ganz viel Sahne obendrauf. Nur Oskar konnte sich dieses Vergnügen nicht leisten. Er schaute auf seine Armbanduhr. Halb drei. Sein Freund Fabio war jetzt im Kino. Der Glückliche. Oskar hätte auch sehr gern den Film mit den Dalmatinern gesehen. Leider fehlte ihm das Geld für den Eintritt.

„Mama, kannst du mir nicht das Kino bezahlen?“, hatte er vorhin seine Mutter gefragt.

Aber die hatte gemeint, dass er lernen müsse, sein Taschengeld besser einzuteilen. Wenn man etwas unbedingt wolle, müsse man eben dafür sparen. Sie teile sich ihr Haushaltsgeld schließlich auch ein.

Gar zu gern hätte Oskar gewusst, was es an vier Euro pro Woche groß einzuteilen gab. Das reichte gerade für ein Eis und einmal Schwimmbad. Oder zweimal Pommes mit Mayo. Wenn man ins Kino wollte, musste man zwei Wochen lang auf alles andere verzichten.

Wirklich, seine Mutter hatte nicht die geringste Ahnung davon, wie teuer heutzutage das Leben für Kinder war. Immer wieder nervte sie ihn mit ihren alten Geschichten von früher: dass sie überhaupt kein Taschengeld gekriegt hätte. Höchstens mal zwanzig Pfennig, wenn sie den ganzen Nachmittag das Baby vom Nachbarn ausgefahren hatte. Und das hätte die ganze Zeit nur gebrüllt. Oskar nahm sich vor, bei Gelegenheit seine Großeltern zu fragen, ob das überhaupt stimmte.

Es half alles nichts, er brauchte mehr Taschengeld. Genau das erklärte er seiner Mutter auch beim Abendessen.

Katharina Nusspickel sah ihn eine Weile an, dann zuckte sie mit den Schultern. „Das kann ich gut verstehen. Ich könnte auch mehr Geld gebrauchen. Aber ich habe nun einmal nur das zur Verfügung, was Herr Groß mir zahlt. Und davon kann ich dir nicht mehr als vier Euro pro Woche abgeben. Tut mir leid.“ Tat es ihr natürlich überhaupt nicht, das sah man sofort. „Ich habe allerdings eine Idee. Wenn du mehr Geld brauchst, musst du es dir verdienen. Und jetzt lass uns bitte von erfreulicheren Dingen sprechen."

Erfreulichere Dinge als ganz viel Geld konnte Oskar sich überhaupt nicht vorstellen. Wer ganz viel Geld hatte, dem gehörte doch die Welt! So einer konnte sich kaufen, was er wollte. Er konnte ins Kino gehen, bis er alle Filme auswendig kannte. Eis und Pommes konnte so einer essen, bis er Bauchschmerzen bekam.

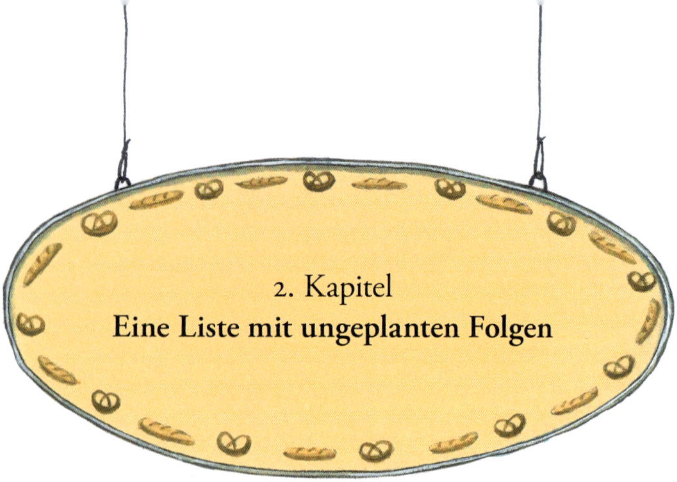

2. Kapitel
Eine Liste mit ungeplanten Folgen

Später im Bett kam Oskar der rettende Einfall. Klar, er würde Geld verdienen. Das war doch gar kein Problem. Weshalb war er nicht schon viel eher darauf gekommen? Mit lautem Indianergeheul strampelte er seine Bettdecke zur Seite. Schlafen konnte er nachher. Jetzt gab es wichtigere Dinge zu erledigen. Aus seiner Schultasche kramte er einen dicken schwarzen Filzstift und seinen Block hervor. Und dann schrieb er folgende Liste:

Tisch decken – 1 Euro
Tisch abräumen – 1 Euro
Abwaschen – 2 Euro
Einkaufen – 2 Euro
Müll rausbringen – 1 Euro

Zufrieden betrachtete er sein Werk. Ja, genau, das war die Lösung. In Zukunft würde es ihm hervorragend gehen. Wenn er jeden Tag zweimal den Tisch deckte und abräumte und hinterher noch das Geschirr spülte, kam er auf acht Euro. Und das mal sieben – schließlich hatte die Woche sieben Tage – machte genau … Ach, er hatte keine Lust, das auszurechnen. Auf jeden Fall war es mehr als genug. Gar nicht davon zu reden, dass er fast täglich einkaufen musste. Das ergab mindestens noch vier mal zwei Euro pro Woche. Mit einem zufriedenen Lächeln schlief Oskar an diesem Abend ein.

Gleich zum Frühstück legte er seiner Mutter die Preisliste auf den Tisch. „Hier, du hast doch gesagt, dass ich Geld verdienen soll. Wenn ich es mir recht überlege, war das eine sehr gute Idee von dir. Danke."

Stirnrunzelnd betrachtete Katharina Nusspickel das Papier. Dann sah sie ihren Sohn an. „Ist das dein Ernst?"

Oskar nickte. „Klar. Rechne mal aus, wie viel Geld da in einer Woche zusammenkommt. Du kennst doch diese Boombox mit dem fetten Bass. Die dir zu teuer ist. Ende des Monats kann ich mir die garantiert leisten."

Seine Mutter guckte immer noch so seltsam. So als wäre etwas mit ihrem Kaffee nicht in Ordnung. Mit spitzen Fingern nahm sie die Liste in die Hand. „Du musst los, es ist schon spät."

„Soll ich schnell noch den Tisch abräumen?", fragte Oskar lauernd. Das machte nämlich einen Euro. Und er hatte beschlossen, immer sofort zu kassieren. Wenn er jetzt also das Geschirr auf die Spüle stapelte, konnte er sich auf dem Heimweg von der Schule ein kleines Eis leisten. Bedauerlicherweise lehnte Katharina Nusspickel aber ab.

Oskars bester Freund Fabio wartete am Schultor. Er begann sogleich, von dem Film zu erzählen.

„Sei still", verlangte Oskar. „Du verdirbst mir ja den ganzen Spaß. Ich will schließlich auch noch ins Kino."

Verwundert kratzte Fabio sich hinter dem Ohr. „Hä, ich denke, du hast kein Geld."

„Ich *hatte* kein Geld", erklärte Oskar von oben herab. „Aber zum Glück ist es damit vorbei. Ich arbeite nämlich neuerdings."

Fabio Andreotti sah ihn entgeistert an. „Du spinnst! Du erzählst Märchen! Kinderarbeit ist in diesem Land streng verboten!"

„Wenn ich sage, dass ich arbeite, dann ist das auch die Wahrheit." Mehr verriet Oskar nicht.

Die Schule war langweilig wie immer. Die Stunden zogen sich in die Länge, als wären sie aus Kaugummi. Das einzig Gute war das Wetter. So konnte man sich wenigstens auf die Pausen freuen.

Frau Mertens, die Klassenlehrerin, hatte sich übers Wochenende nur dummes Zeug ausgedacht. Zuerst mussten alle aufstehen. Dann wurden Einmaleinsaufgaben im Kopf gelöst – um die Wette wohlgemerkt. Jeder, der eine Aufgabe richtig gerechnet hatte, durfte sich setzen. Am Schluss stand bloß noch Oskar. Der rechnete zwar die ganze Zeit über wie wild, nur leider nicht das, was er sollte. Gerade war er darauf gekommen, dass er vierundsechzig Euro pro Woche verdienen konnte, wenn alles gut ging. Wie viel neun mal neun ist, wusste er allerdings gerade nicht.

„Konzentriere dich doch bitte mal ein bisschen", verlangte Frau Mertens.

Das war leichter gesagt als getan. Neun mal neun, ach du liebe Zeit. „Zweiundsiebzig", riet Oskar. Aber das war leider verkehrt.

Später sollten die Schüler einen Aufsatz mit dem Thema „Mein allerbester Freund" schreiben. Nun, Oskars allerbester Freund saß gleich neben ihm, Fabio Andreotti. Er war schwer in Ordnung, wirklich, aber so interessant, dass es gleich für einen ganzen Aufsatz reichte, war er nun auch wieder nicht. Manchmal konnte Fabio sogar ziemlich nerven. Gerade jetzt zum Beispiel ließ er Oskar nicht in Ruhe überlegen.

„Wo willst du denn arbeiten? Gib mir wenigstens einen Tipp", bettelte er andauernd.

Bis Frau Mertens ihn ermahnte: Wenn er weiter den Unterricht störe, müsse er seinen Aufsatz zu Hause noch einmal abschreiben. Was nicht so schlimm gewesen wäre, denn Fabio hatte gerade erst drei Sätze auf das Papier gebracht:

Mein bester Freund heißt Oskar. Wir gehen im Sommer schwimmen. Im Winter treffen wir uns zum Schlittschuhlaufen.

„Ich hasse Aufsätze", flüsterte er Oskar zu. Der nickte. Ihm ging es nicht viel anders. Nur gut, dass selbst die schlimmsten Schultage einmal zu Ende gingen. Spätestens nach der sechsten Stunde um ein Uhr.

Auf dem Heimweg meinte Fabio: „Wenn du arbeitest, hast du nachmittags wohl keine Zeit mehr, was? Und ich dachte, wir könnten heute zum Fußballplatz."

Oskar lachte. „Können wir. Kein Problem. Ich kann mir meine Arbeitszeiten nämlich so einteilen, wie es mir passt."

„Du schwindelst." Mehr fiel Fabio dazu wirklich nicht ein.

Daheim schmierte Oskar sich schnell ein Butterbrot, dann setzte er sich an die Hausaufgaben.

Nicht dass jetzt einer denkt, Oskar wäre so was wie ein Streber. Ganz bestimmt nicht. Er wollte einfach nur auf den Fußballplatz. Und wenn seine Schularbeiten nicht fertig waren, ließ seine Mutter ihn nicht aus dem Haus.

Um Viertel nach drei kam Katharina Nusspickel. Sie machte keinen gut gelaunten Eindruck. Wahrscheinlich hatte ihr Chef sie wieder geärgert. Herr Groß ärgerte sie andauernd, und Oskar konnte dann zusehen, wie er mit einer muffeligen Mutter zurechtkam.

„Setz dich auf den Balkon", schlug er freundlich vor. „Die Sonne scheint. Du willst doch immer braun werden. Soll ich dir einen schönen Kaffee kochen? Kostet nur einen Euro."

Auweia, seine Mutter ging hoch wie eine Rakete. „Wie bitte?", brüllte sie. „Ich soll dich bezahlen? Und was gibst du mir, wenn ich deine Wäsche wasche? Und dein Essen koche? Hä? Soll ich mal eine Preisliste für dich schreiben?"

Also für ihre Kochkünste konnte sie nicht besonders viel verlangen, fand Oskar. Aber das behielt er lieber für sich. Er verstand überhaupt nicht, weshalb seine Mutter so sauer war. „Wieso? Du musst das doch tun, du bist schließlich meine Mutter!"

Das hätte er wohl besser nicht gesagt. Für einen Moment sah Katharina Nusspickel aus, als würde sie gleich platzen. Dann schickte sie Oskar in sein Zimmer. Dort sollte er darüber nachdenken, wie undankbar und frech er doch sei. Ach ja, und Oskars Liste zerriss sie in eine Million Papierschnipsel. So winzig klein, dass es gar nicht kleiner ging. Mensch, war die wütend.

Oskar verstand die Welt nicht mehr. Was war bloß mit seiner Mutter los? Anstatt sich um ihren Sohn zu kümmern, wie es sich gehörte, hockte sie in der Küche und rauchte eine Zigarette nach der anderen. Wie eine Rabenmutter. Sonst saßen sie um diese Zeit in der Küche, aßen ein Honigbrot und erzählten einander, was sie vormittags erlebt hatten. Je länger Oskar darüber nachdachte, umso größer wurde sein Hunger. Und zum Fußball wollte er doch auch. Fabio wartete bestimmt schon. Und jetzt musste er in seinem Zimmer hocken und nachdenken, weil er angeblich frech und undankbar war. Von wegen, sollte er etwa noch dafür dankbar sein, dass er kein Honigbrot bekam und nicht rausdurfte?

Nach einer Stunde hatte er endgültig genug. Sein Magen knurrte wie ein gemeingefährlicher Wolf. Seit wann durften Eltern ihre Kinder so schlecht behandeln?

Kurz entschlossen stürmte er in die Küche. Er wusste auch schon ganz genau, was er seiner Mutter sagen wollte: nämlich, dass er seine Preise ja notfalls noch mal überdenken könnte. Irgendwie waren vierundsechzig Euro in der Woche vielleicht doch ein bisschen viel.

Zu seiner großen Enttäuschung war seine Mutter überhaupt nicht da. Nur ein Zettel lag auf dem Tisch:

BIN BEI BRIGITTE. WEISS NICHT,
WANN ICH ZURÜCK BIN.
SCHMIER DIR ZUM ABENDESSEN
EIN BROT! MAMA

Daran, dass sie nicht wie sonst ein rotes Herz danebengemalt hatte, sah man, dass sie immer noch böse war. Brigitte hieß die beste Freundin seiner Mutter. Und wenn die beiden zusammenhockten, konnten sie stundenlang reden. Ohne jede Pause. Oskar musste sich wohl darauf einstellen, dass er seine Mutter heute nicht mehr wiedersehen würde.

Mit langem Gesicht schmierte er sich ein Brot. Mit so viel Honig darauf, wie seine Mutter es nie erlaubt hätte. Trotzdem schmeckte es nicht. Er dachte an Fabio auf dem Fußballplatz. Mist! Wenn er bloß nicht in der Schule so großspurig dahergeredet hätte, von wegen Arbeit und freie Zeiteinteilung. Und jetzt hatte er nicht mal einen Euro verdient, sich dafür jedoch einen Nachmittag Stubenarrest eingehandelt. Wie sollte er Fabio das erklären, ohne sich bis auf die Knochen zu blamieren? Er wusste es nicht. Aber er hatte ja Zeit genug, darüber nachzudenken.

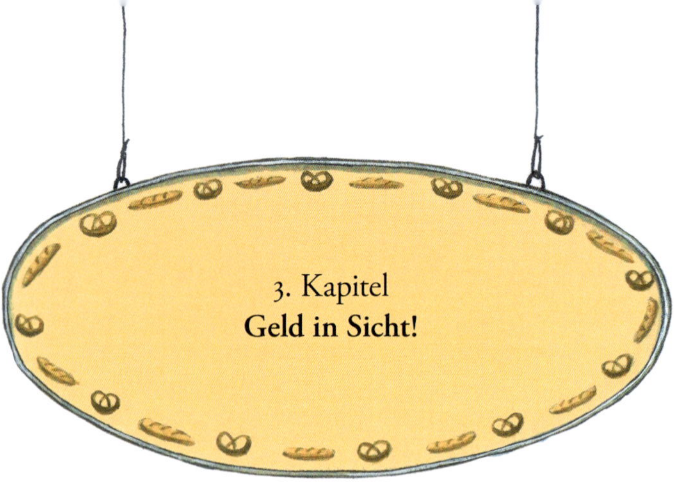

3. Kapitel
Geld in Sicht!

Am nächsten Morgen war die Welt wieder in Ordnung. Katharina Nusspickel schien sogar allerbester Laune zu sein. „Ich habe eine sehr gute Nachricht für dich und dein Portemonnaie.“

Eine gute Nachricht für Oskars Portemonnaie? Also besonders groß war die Auswahl da nicht. Vielleicht hatte seine Mutter gestern Abend bei Brigitte einen steinreichen Mann kennengelernt, einen Millionär oder so. Einen, der sie unbedingt heiraten wollte und der sich jetzt schon darauf freute, Oskar in Zukunft jeden Wunsch zu erfüllen. Aber sie behauptete ja immer, dass sie nie heiraten würde. Unter gar keinen Umständen. Dann gab es noch die Möglichkeit, dass gestern Abend Lothar Rittersberg angerufen hatte. Um zu verkünden, dass er seinem Sohn künftig fünf Euro Taschengeld in der Woche zahlen wollte. Das erschien

Oskar nur leider ebenfalls sehr unwahrscheinlich. Lothar Rittersberg war sein Vater. Er lebte in einer anderen Stadt. Jedes Mal, wenn er und Katharina Nusspickel sich trafen, gab es Streit. Sogar am Telefon kriegten sie sich nach spätestens fünf Minuten in die Wolle. Nee, dass seine Mutter mit Lothar gesprochen und trotzdem gute Laune hatte, war undenkbar. Dann war schon ein Sechser im Lotto wahrscheinlicher. Falls sie überhaupt gespielt hatte.

So wie es aussah, konnte man auf die gute Nachricht wirklich sehr gespannt sein.

„Ich hab eine Arbeit für dich. Pass mal gut auf. Bei Brigitte nebenan wohnt eine ältere Dame, die sich kürzlich ein Bein gebrochen hat. Jetzt sucht sie dringend jemanden, der nachmittags ihren Hund ausführt. Ich habe gestern Abend noch mit ihr gesprochen. Ein bisschen wunderlich ist sie, aber sie will dir zwei Euro bezahlen, wenn du eine Stunde mit dem Hund spazieren gehst."

Oskar brach in lautes Indianergeheul aus. Wie lange wünschte er sich schon einen Hund? Und jetzt sollte er nicht nur einen Hund ausführen, nein, da gab es jemanden, der ihm auch noch Geld dafür geben wollte! Vergessen war der Streit, vergessen war die Liste mit seinen Preisen für Tischdecken und -abräumen, vergessen war, dass seine Mutter gestern Abend nicht gekocht hatte.

Am liebsten hätte Oskar die Schule geschwänzt und wäre gleich zu der wunderbaren Frau mit dem wunderbaren Hund gelaufen. Aber er wusste, dass weder seine Mutter noch seine Lehrerin Verständnis dafür zeigen würden. Also machte er sich auf den Weg. Mit einem verklärten Lächeln auf dem Gesicht.

Fabio stand am Schultor und kaute einen Schokoriegel. Fabios Lieblingsbeschäftigung war nämlich Essen. Wenn er die fünf Minuten von seinem Elternhaus bis zum Schulhof gelaufen war, quälte ihn bereits wieder der Hunger. Trotzdem war er so dünn wie ein Strich.

„Eeh", brummte er mit vollem Mund. „Du wolltest doch gestern auf den Fußballplatz kommen. Wo bist du gewesen? Ich hab die ganze Zeit auf dich gewartet."

„Kau erst mal zu Ende", lautete die Antwort. Und dann noch: „Ich war schwer beschäftigt. Es ging um meine neue Arbeit. Mehr wird nicht verraten … Okay, so viel vielleicht: Künftig hab ich von drei bis vier Uhr keine Zeit mehr. Das mit den freien Arbeitszeiten hat sich wieder geändert."

Schnell knüllte Fabio die Verpackung seines Schokoriegels zusammen. Dann warf er sie in den Mülleimer. Genau so, wie es sich gehörte. „Bist du neuerdings Geheimagent oder was soll der Quatsch? Mehr wird nicht verraten", äffte er Oskar nach.

Der grinste nur. Geheimagent, Mensch, das war ja eine Superidee. Ein Geheimagent mit einem Spürhund. Ein unschlagbares Team.

Haben Sie Probleme? Wenden Sie sich an Oskar Nusspickel und seinen vierbeinigen Helfer!

Vielleicht sollte er das in der Zeitung inserieren. Dann könnte er noch mehr Geld verdienen. Plötzlich sah alles so aus, als ob er kurz davorstand, steinreich zu werden.

„Du bist ganz schön schlau. Wenn du es genau wissen willst, geht es um einen Hund. Einen Polizeihund gewissermaßen. Mehr sage ich aber nicht. Vielleicht morgen."

4. Kapitel
Eine Rosine mit einer rosa Schleife

Die Frau hieß Heinicke. Und sie wohnte gleich neben Brigitte. Um Punkt drei Uhr sollte Oskar da sein. Von der Straße aus konnte man das Haus mit der Nummer 7 gar nicht sehen. Weil es von einer mannshohen Mauer umgeben war. Oskar schaltete blitzschnell: So eine hohe Mauer brauchte man nur, wenn man einen großen Hund besaß, einen Schäferhund oder eine Dogge. Diese Hunde konnten so hoch springen, dass ein normaler Zaun nicht ausreichte.

Das Tor war aus Eisen und ließ sich nur sehr schwer öffnen. Um ehrlich zu sein, zitterten Oskar ganz schön die Knie, als er das Grundstück betrat. Was, wenn der Hund draußen im Garten herumlief? Vielleicht war die Frau schon alt und zerstreut und hatte vergessen, dass heute ein fremder Junge kommen wollte. Und jetzt saß sie in der Stube und strickte einen Strumpf, während der Hund Oskar womöglich für einen Einbrecher hielt. Wenn sie schwerhörig war – und viele alte Leute waren ja schwerhörig –, bekam sie bestimmt nicht mit, was in ihrem Garten vor sich ging. Sie würde den Hund also nicht zurückrufen. Und was so ein Riesenhund mit einem Einbrecher machte, wollte Oskar sich gar nicht ausmalen. Seine Erleichterung darüber, dass der Garten leer war, lässt sich kaum beschreiben.

Auf dem Klingelschild stand *R. Heinicke*. Als Oskar schellte, blieb es drinnen still. Der Hund bellte nicht. Scheinbar war er sehr gut erzogen. Ein Polizeihund also, das war damit so gut wie bewiesen. Polizeihunde waren nicht wie andere Hunde, sie gehorchten aufs Wort. Und jeder fürchtete sich vor ihnen. In Gedanken marschierte Oskar mit einem riesigen schwarzen Schäferhund durch den Ort. Jedermann machte ihnen Platz. Wenn er „Bei Fuß!" sagte, wich der Hund nicht einen Meter von seiner Seite, bei „Sitz!" setzte er sich auf der Stelle hin, wenn Oskar allerdings mal „Fass!" sagte …

In diesem Moment öffnete sich die Tür. Jedoch nur einen kleinen Spalt. Genau so breit, wie die Sicherheitskette es zuließ.

„Bist du der Junge? Der Oskar?", fragte eine hohe Stimme.

„Ja, klar, ich komme wegen des Hundes …"

Die Sicherheitskette wurde entriegelt, dann öffnete sich die Tür. Oskar schloss geblendet die Augen. Er sah nur noch rosa. Der Teppich, die Tapete, die Lampe, das Kleid der Frau, ihr Schuh, alles war babyrosa. Grausam. Doch es sollte noch schlimmer kommen, noch sehr viel schlimmer.

„Mein Name ist Rosalinde Heinicke. Und du bist wohl der Junge, der mein Rosinchen ausführen will. Dann komm mal mit …“

Sie humpelte los, ihr gebrochenes Bein steckte nämlich in einem unförmigen Stiefel aus Gips. Auf dem Weg durch den rosa geblümten Flur überlegte sich Oskar, dass Rosinchen ein ziemlich alberner Name für einen Schäferhund war. Und er nahm sich vor, den

Hund außerhalb dieses Hauses nicht beim Namen zu nennen.

Dann lernte er Rosinchen kennen. Sie lag auf einem Sessel, einem rosa Sessel natürlich. Statt schwarz war sie schneeweiß, statt riesengroß war sie winzig klein. Ihr dichtes Fell kringelte sich in zahllosen Löckchen. Rosinchen war nichts weiter als ein mickriger Zwergpudel, der Oskar gelangweilt anblinzelte, bevor er seinen Kopf auf die Vorderpfoten legte und weiterschlief. Vorsichtshalber kniff Oskar sich in den Arm. Vielleicht war das alles hier nur ein Traum, ein schrecklicher Alptraum. Aber der Hund auf dem Sessel wollte einfach nicht verschwinden. Da konnte er kneifen, soviel er wollte.

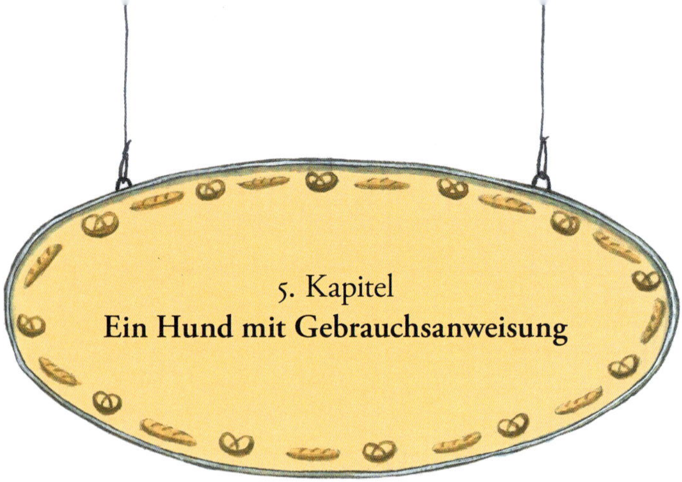

5. Kapitel
Ein Hund mit Gebrauchsanweisung

„Setz dich“, sagte Frau Heinicke. „Bevor ich dir mein Rosinchen anvertraue, musst du noch eine ganze Menge über sie lernen.“

Stumm vor Entsetzen ließ sich Oskar auf den nächstbesten Sessel sinken.

Rosalinde Heinicke begann: „Rosinchen heißt eigentlich Malwine von Friedrichsruh. Aber der Name klingt natürlich viel zu streng. Sie ist eine sehr wertvolle Zwergpudelhündin mit einem großartigen Stammbaum. Ihre Eltern haben auf vielen Ausstellungen Preise gewonnen. Das bedeutet natürlich, dass du sehr gut auf sie aufpassen musst. Ich hoffe, das ist dir klar!“ Sie sah Oskar eindringlich an.

Der nickte.

„Gut. Dann kann es ja weitergehen. Wenn du mit ihr draußen bist, musst du sehr langsam laufen. Sie kommt nämlich schnell außer Atem und das ist ziemlich ungesund für so einen kleinen Hund. Länger als eine Stunde darf sie unter gar keinen Umständen spazieren gehen, sonst überanstrengt sie sich. Wenn sie erschöpft ist, legt sie sich einfach hin. Dann musst du sie tragen, das ist sie so gewohnt. Ach ja, wichtig ist noch, dass du sie von anderen Hunden fernhältst. Rosinchen mag nämlich keine anderen Hunde. Eigentlich mag sie überhaupt niemanden, nur mich. Aber da ich mit meinem Gips nicht so gut laufen kann, muss sie sich wohl oder übel für eine Weile an dich gewöhnen. Du magst doch Tiere, oder?"

„Natürlich, und wie, vor allem Hunde", versicherte Oskar schnell. Dass er weiße Zwergpudel nicht unbedingt für richtige Hunde hielt, sagte er nicht.

Frau Heinicke seufzte tief. Dann legte sie ihre Stirn in Falten. Gleich sah sie noch älter aus. „Was musst du außerdem wissen? Ach ja, sicher ist dir schon aufgefallen, dass Rosinchen ein äußerst gepflegter Hund ist. Sie macht sich nicht gern schmutzig. Pass also auf, dass sie nicht über Sand oder Gras läuft. Auf dem Rückweg holst du ihr beim Bäcker einen Schokokuss. Das ist ihre Belohnung. Das Geld gebe ich dir mit. Leider muss sie solange draußen angebunden bleiben. Der Bäcker, dieser Unmensch, duldet keine Hunde in seinem Laden. Als ob Rosinchen ein gewöhnlicher Hund wäre. Aber da kann man nichts machen. Du bindest sie also am Fahrradständer an. Mit einem Doppelknoten, damit sie sich auf gar keinen Fall losreißen kann."

Eigentlich sah Rosinchen nicht so aus, als ob sie Lust hätte fortzulaufen. Aber das behielt Oskar ebenfalls für sich. Frau Heinicke gehörte mit Sicherheit zu den Menschen, denen man besser nicht widersprach.

Jetzt fuhr sie fort: „Wenn sie ihren Schokokuss verspeist hat, ist sie müde. Die letzten Meter musst du sie deshalb tragen. Aber es ist ja nicht weit. Die Bäckerei Steenblock liegt gleich auf der anderen Straßenseite."

Oskar kannte das Geschäft. Dort konnte man den besten Bienenstich der ganzen Stadt kaufen. Mit knusprigen Mandeln obendrauf und jeder Menge Pudding als Füllung.

Ungeduldig schaute Frau Heinicke auf ihre Uhr. „So, nun müsst ihr aber los. Schließlich bezahle ich dich nicht fürs Rumsitzen. Und nachher wird es auch zu kalt für mein Rosinchen."

Sie humpelte mit ihrem Gipsbein in den Flur und holte eine Hundeleine.

Bisher hatte Oskar immer gedacht, dass jeder Hund beim Anblick seiner Leine vor Freude ausflippte. Nun, bei Rosinchen stimmte das nicht. Sie blinzelte kurz, dann legte sie ihren Kopf wieder auf die Vorderpfoten und döste weiter.

„Na komm, mein Liebling", flötete Frau Heinicke. „Der fremde Junge will ein Stück mit dir laufen. Du weißt doch, was der Onkel Doktor gesagt hat: Du brauchst deine Bewegung. Auch wenn Frauchen sich das Beinchen gebrochen hat."

Entweder interessierte sich Rosinchen nicht für das, was der Tierarzt meinte, oder aber sie war schwerhörig. Jedenfalls rührte sie sich nicht von der Stelle.

Frau Heinicke musste sie von ihrem Sessel runterheben. „Nun komm schon, Mutti gibt dir auch Schokolade!"

Oho, Rosinchen war doch nicht schwerhörig: Kaum hörte sie etwas von Schokolade, bellte sie erfreut. Frau Heinicke steckte ihr ein Stückchen von der Süßigkeit ins Maul.

Wenig später fand Oskar sich auf dem Bürgersteig wieder, in der Hand eine rosa Hundeleine. An der Leine trottete eine Pudeldame namens Rosinchen. Sie sah aus wie eine Kreuzung zwischen einem Hund und einer Hecke. Ja ehrlich, irgendwer hatte ihr Fell ganz merkwürdig in Form geschnitten. Auf dem Kopf zum Beispiel saß ein kugelrunder Lockenballon, der von einer riesigen pinkfarbenen Taftschleife gekrönt wurde. Am Körper war das Fell so kurz geschoren, dass die rosa Haut durchschimmerte. An den vier Beinen war es mittellang, kurz über den Pfoten hatte man jedoch einen dicken Lockenring stehen lassen. Alles in allem sah Rosinchen furchtbar affig aus.

Am liebsten hätte Oskar die Pudeldame unter seinem Pullover versteckt. Aber solange Frau Heinicke in ihrem Tor stand und mit ihrem weißen Spitzentaschentuch winkte, war das natürlich unmöglich.

„Geh bloß nicht zu schnell, das kennt mein Rosinchen nicht!“, rief sie so laut, dass eine junge Frau stehen blieb und sich nach Oskar umdrehte. Wie peinlich.

Es stimmte allerdings: Schnelles Gehen war Rosinchen gänzlich unbekannt. Offenbar schlich Frau Heinicke mit ihr im Schneckentempo vorwärts. Die beiden kamen in einer Stunde wohl gerade mal bis zur nächsten Straßenkreuzung und wieder zurück.

Oskar hatte da ganz andere Pläne. Zum Glück war ihm eingefallen, dass sich in der Nähe ein Park befand. Ein Park, in dem es nichts gab außer ein paar Bänken und einem großen Sandkasten. Nur Mütter mit kreischenden Kleinkindern und alte Leute hielten sich in solchen langweiligen Grünanlagen auf. Genau deshalb würde ihn dort auch niemand kennen.

Ungeduldig zerrte er an der rosa Lederleine. „Los, Rosine, streng dich mal ein bisschen an. Bist du ein Hund oder eine Schnecke?“

Rosinchen hielt sich anscheinend für Letzteres. Jedenfalls trippelte sie im Zeitlupentempo weiter. Als Oskar sie zwang schneller zu laufen, begann sie vor Anstrengung laut zu keuchen. Ach du Schreck, womöglich war sie genauso alt wie Frau Heinicke. Und wenn Oskar sie zu heftig antrieb, kippte sie am Ende einfach tot um. Nee, das wollte er natürlich auch nicht.

Mitleidig bückte er sich, um das hechelnde Tier zu streicheln. „War das zu schnell? Soll ich dich lieber ein Stück tragen?"

Sofort wedelte sie mit dem Schwanz.

Also nahm Oskar den Hund auf den Arm, wobei er die alberne Schleife mit der linken Hand so gut wie möglich verdeckte. Bereits nach wenigen Schritten hätte er den Hund am liebsten wieder abgesetzt. Wie konnte so ein kleiner Hund bloß so schwer sein?

„Hey, gab es bei dir zum Frühstück eine Portion Wackersteine?", beschwerte er sich. Rosinchen gab natürlich keine Antwort. Sie döste zufrieden vor sich hin.

Zu Oskars großer Erleichterung hatten sie mittlerweile den Park erreicht. Aufatmend ließ er sich auf die erste freie Bank fallen.

Rosinchen blinzelte kurz, dann schlief sie ein. Na ja, sie war eben eine Hundeoma und alte Leute brauchten viel Schlaf. Das wusste Oskar von seiner Uroma.

Ganz behutsam legte er die Hündin neben sich auf die Bank. Zum ersten Mal schaute er sie dabei richtig an. Meine Güte, diese Rosine stand ja gut im Futter. Ihr Bauch machte den Eindruck, als hätte sie kürzlich einen Fußball verschluckt. Deshalb war sie also so schwer.

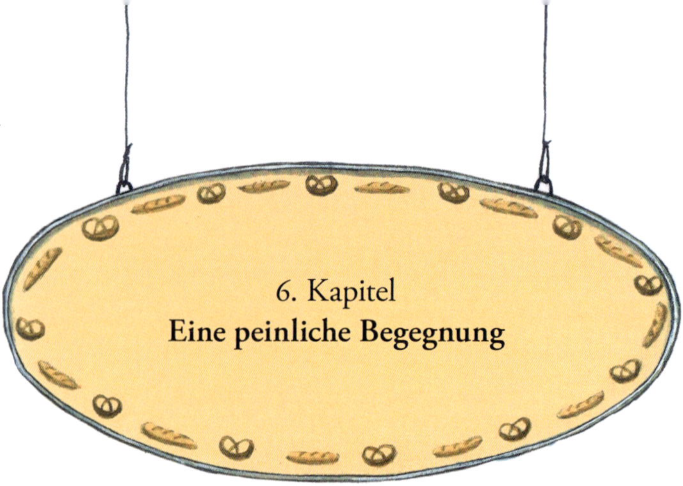

6. Kapitel
Eine peinliche Begegnung

Nach einer Viertelstunde war es Oskar endgültig zu langweilig. „Hey, willst du nicht ein bisschen spielen?“, fragte er Rosinchen. Sie reagierte überhaupt nicht. „Lass uns wenigstens ein paar Schritte laufen. Ich habe es Frau Heinicke versprochen. Und der Tierarzt sagt auch, dass du dich bewegen sollst.“ Entschieden setzte er sie auf den Weg. „Los, auf geht’s …“

Begeistert wirkte Rosinchen nicht gerade. Sie watschelte träge neben dem Jungen her, jeder Schritt schien ihr zu viel. Doch sobald jemand vorbeikam, drehte sie ihren Kopf hin und her. Man konnte beinahe denken, dass sie stolz war auf ihre blöde rosa Schleife. Oskar war wirklich froh, dass er an diesen Park gedacht hatte. Nicht auszudenken, was passieren würde, wenn er mit diesem albernen Hund jemandem begegnete.

Zuerst sah er nur den Kinderwagen. Rot war er, mit dicken schwarzen Punkten darauf. Dann entdeckte er den Jungen, der den Wagen schob. Der war auch ganz rot im Gesicht, allerdings ohne dicke schwarze Kuller.

„Fabio! *Duuuu?* Was machst *du* denn hier?", stammelte Oskar.

Sein Freund zuckte verlegen mit den Achseln. Dann brummelte er etwas von kranker Mutter und kleine Schwester ausfahren müssen.

Oskar schluckte. Oh Mann, zu beneiden war dieser Fabio wirklich nicht. Nur gut, dass er selbst ein Einzelkind war. So konnte ihn wenigstens keiner zwingen, einen Marienkäfer-Kinderwagen durch die Gegend zu schieben.

Fabio seufzte tief. „Ich dachte, hier treffe ich keinen, der mich kennt." Jetzt fiel sein Blick auf den Hund. „Was schleifst du denn da hinter dir her, ein Kuscheltier ohne Räder? Oder soll das etwa dein geheimnisvoller Polizeihund sein?"

Diesmal färbten Oskars Wangen sich rosarot. „Wenn ich ehrlich bin, hab ich mir den Hund auch ein bisschen größer vorgestellt", räumte er ein. Und dann gab er zu, dass er ebenfalls gehofft hatte, in diesem Park unerkannt zu bleiben.

Beide schwiegen. Gemeinsam setzten sie ihren Weg fort. Langsam, sehr langsam, damit Rosinchen nicht wieder aus der Puste kam.

„Wenn wir Rosinchen mit in den Wagen setzen, kommen wir schneller vorwärts“, schlug Oskar vor.

Fabio überlegte kurz, dann schüttelte er entschieden den Kopf. „Nee, lieber nicht. Der Hund macht bestimmt alles dreckig. Du kannst dir ja nicht vorstellen, wie meine Mutter sich mit dem Baby anstellt. Wir haben doch Zeit.“

„Musst du morgen wieder mit deiner Schwester los?“, fragte Oskar hoffnungsvoll.

„Bist du verrückt? Das hier ist die absolute Ausnahme. Morgen hat mein Vater sich Urlaub genommen. Und wenn es meiner Mutter übermorgen immer noch nicht besser geht, kommt meine Oma. Nee, ein zweites Mal kann man das nicht von mir verlangen.“

„Schade“, fand Oskar.

„Wie man's nimmt“, antwortete Fabio. „Ich kriege ja auch kein Geld dafür.“

Für einen Moment überlegte Oskar, ob er Fabio anbieten sollte, ihm einen Euro abzugeben. Falls er sich bereit erklärte, morgen wieder mit ihm den Hund auszuführen. Doch er kam nicht mehr dazu, diesen Gedanken zu Ende zu bringen.

„Oskar? Fabio?“, tönte es nämlich in genau diesem Moment hinter ihnen.

Als die beiden Freunde sich erschrocken umdrehten, blickten sie in zwei sehr bekannte Gesichter. Auch das noch: Jessica und Marina, die albernsten Mädchen aus ihrer Klasse. Was hatten die in diesem Park für Leute mit Kleinkindern und Hundebesitzer verloren?

„Was wollt ihr denn hier?", fragte Oskar unfreundlich. Am liebsten hätte er den Hund mit dem Fuß unter den Kinderwagen geschoben. Aber dafür war es zu spät.

„Ist der süß!", kreischte Jessica. Und sie hockte sich hin, um Rosinchen zu streicheln. „Ich wusste gar nicht, dass ihr so einen niedlichen Hund habt!" Sie zupfte an der rosa Schleife. „Echt wonnig sieht der aus. Stimmt's, Marina?"

Ihre Freundin, die ihr niemals widersprach, nickte geistesabwesend. Sie hatte sich so weit über den Kinderwagen gebeugt, dass sie jeden Moment kopfüber hinein-

fallen musste. „Ist das deine kleine Schwester? Mensch, ist die knuddelig! Und was die für große Kulleraugen hat. Ein bildhübsches Kind, ehrlich. Mit dir“, sie rammte Fabio ihren Ellenbogen in die Seite, „hat sie zum Glück überhaupt keine Ähnlichkeit.“

„Das ist auch besser so. Ich möchte nur ungern mit so wenig Haaren und ganz ohne Zähne in die Schule gehen“, feixte Fabio.

„Mensch, nun lass doch den Kinderwagen. Babys sehen doch sowieso alle gleich aus. Guck lieber mal, was Oskar für einen tollen Hund hat.“ Jessica zog ihre Freundin am Ärmel. Als die nicht reagierte, kniete sie sich wieder hin, um Rosinchen am Bauch zu kraulen. „Ach du süßer, süßer Hund! Und diese putzige Schleife!“

Vor lauter Entzücken jauchzte sie so laut, dass ein wildfremder Mann stehen blieb, um den Hund zu betrachten. „Wie heißt er denn?“, wollte er wissen. Und dann noch, was das für eine Rasse sei.

Oskar reichte es. Die beiden Mädchen mussten von der Bildfläche verschwinden. Und das so schnell wie möglich. Bevor sich hier ein Menschenauflauf bildete.

„Erstens ist das eine Sie. Und zweitens gehört sie mir nicht, ich führe sie nur aus. Sie gehört einer alten Frau. Und jetzt lasst sie lieber in Ruhe. Sie ist nämlich schon so alt, dass sie bei der kleinsten Aufregung tot umfallen könnte.“

Der Mann guckte ungläubig, aber schließlich ging er weiter.

Jessica zog ihre Hände zurück. „Ehrlich?“, flüsterte sie. „Das ist ja fürchterlich. Wie heißt der arme Hund denn nun?“

„Hast du mir gar nicht zugehört? Es ist eine Hündin. Und sie heißt … Malwine von Friedrichsruh.“ Gut, dass ihm das noch schnell eingefallen war. Schließlich brauchte nicht die ganze Klasse zu erfahren, dass er einen Hund spazieren führte, der Rosinchen hieß. Schlimm genug, dass jeder von der rosa Schleife hören würde. „Im Übrigen muss ich jetzt auch los.“

Das stimmte. Bei Rosinchens Tempo würden sie ewig bis zur Bäckerei brauchen. Und noch mal wollte er sie nicht tragen. Dafür war sie zu schwer.

Um fünf vor vier hatten sie ihr Ziel erreicht. Gleich als Oskar die Hundeleine am Fahrradständer anknotete, legte Rosinchen sich hin. Das kleine Stück vom Park bis zum Bäckerladen hatte sie wohl sehr angestrengt.

„Bin gleich wieder da“, versprach Oskar. „Ruh dich solange aus.“

Im Laden war es ziemlich voll. Mist. Daran hatte er überhaupt nicht gedacht. Jetzt wurde es knapp mit der Zeit. Kaum zu glauben, was manche Leute alles kauften. Merkten die denn gar nicht, wie eilig Oskar es hatte? Endlich kam er an die Reihe. Da war es schon eine Minute vor vier.

„Einen Schokokuss, bitte. Sie brauchen ihn nicht einzupacken. Er wird gleich verspeist“, sagte er höflich und legte das passende Geld auf den Verkaufstresen.

Frau Steenblock wusste sofort Bescheid. „Hat Frau Heinicke endlich wieder jemanden gefunden, der sich um den Pudel kümmert? Das ist gut. Sieh mal zu, dass er sich ein bisschen bewegt. Der ist viel zu dick. Das ist nicht gut für Hunde.“

„Aber Rosinchen ist doch schon alt, die darf nicht mehr so schnell laufen“, protestierte Oskar.

Die Bäckerin lachte vergnügt. „Alt? Wer hat dir denn diesen Unsinn erzählt? Die Hündin wird im Herbst vier Jahre. Wenn sie nicht laufen will, liegt es nur daran, dass sie total überfüttert ist. Das ist sehr schädlich für Hunde. Dem armen Tier fehlt nichts als Bewegung und eine vernünftige Ernährung. Glaub es mir, wir halten selbst zwei Hunde und ich kenne mich da aus.“

„Genau“, sagte eine junge Frau, die schräg hinter Oskar stand. Sie hatte lange, glatte blonde Haare und trug eine abgeschnittene Jeans. „Was der Hundebesitzer da macht, ist Tierquälerei. Dem sollte man den armen Pudel einfach wegnehmen. Und den Tierschutzverein müsste man einschalten …“

Damit war Frau Steenblock allerdings nicht einverstanden. „Man darf nicht vergessen, dass der Hund einer alten, einsamen Frau gehört. Ohne den Pudel wäre sie ganz allein auf der Welt. Nee, einfach fortnehmen kann man ihr das Tier nicht."

„Dann muss jemand ein ernstes Wort mit ihr reden. Dass es so nicht geht. Auf Dauer macht sie ihren Hund doch krank!" Die junge Frau wurde immer lauter.

„Reden? Mit der? Man merkt schon, dass Sie die Hundebesitzerin nicht kennen." Frau Steenblock lachte. „Die lässt sich nämlich von keinem was sagen."

„Dann muss man ihr eben doch den Hund wegnehmen!"

Oskar schnappte sich den Schokokuss und verließ den Bäckerladen. Sollten sich die beiden ohne ihn weiterzanken. Er hatte es eilig. Kaum dass Rosinchen seine Stimme hörte, setzte sie sich auf und wedelte mit dem Schwanz. Eigentlich war sie ganz süß. „Da, du dicke Rosine. Und morgen laufen wir ein bisschen schneller. Die Leute im Laden haben bestimmt recht. Du musst dringend abspecken."

Frau Heinicke stand schon in der Haustür. Sie nahm den Hund überschwänglich in die Arme und überhäufte ihn mit Küssen.

Igitt, dachte Oskar. So niedlich fand er Rosinchen nun auch wieder nicht.

„Hier ist dein Geld." Sie reichte ihm zwei blanke Euromünzen. „Im Übrigen bist du fünf Minuten zu spät. Ich lege großen Wert auf Pünktlichkeit, merk dir das. Länger als eine Stunde darf Rosinchen nicht laufen. Dafür ist sie zu schwach."

Sie schlug Oskar die Haustür vor der Nase zu. Er konnte noch nicht einmal erklären, warum er sich verspätet hatte. Weil er nämlich beim Bäcker hatte warten müssen. Egal, das Geld glänzte in seiner Hand und morgen würde es Gesellschaft bekommen.

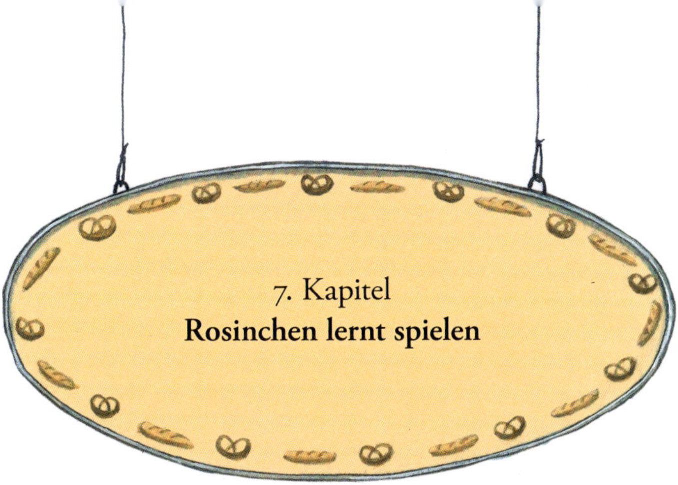

7. Kapitel
Rosinchen lernt spielen

Am nächsten Tag wartete Fabio am Schultor auf Oskar. „Na, hast du den Hund heil wieder nach Hause gekriegt? Oder hat er sich an seinem Schokokuss verschluckt?“

In aller Ausführlichkeit berichtete Oskar, was er erfahren hatte. Dass Rosinchen überhaupt nicht alt war, sondern nur total überfüttert. Dann berichtete er von Frau Heinicke, ihrem Gipsbein und ihren rosa Tapeten. Und davon, dass sie ihm einfach die Tür vor der Nase zugeschlagen hatte.

„Wegen fünf Minuten hat sie mich angemeckert. Das muss man sich mal vorstellen! Trotzdem muss ich heute Nachmittag wieder hin. Von drei bis vier Uhr. Wenn du willst, kannst du ja an der Ecke auf mich warten.“

Fabio überlegte eine ganze Weile. Dann endlich siegte die Freundschaft. „Na, meinetwegen. Aber glaub bloß nicht, dass ich jetzt jeden Tag mitlatsche. Nur heute. Ausnahmsweise. Und hinterher gehen wir noch auf den Fußballplatz", verlangte er.

Oskar nickte. „Klar. Eine Ausnahme, verstehe."

Frau Heinicke war über Nacht kein Stück freundlicher geworden. Im Gegenteil: Sie drohte Oskar damit, ihn zu entlassen, wenn er erneut zu spät käme.

Zum Abschied presste sie ihr Gesicht in Rosinchens weiße Locken. „Mein armer Liebling, muss ohne Mutti Gassi gehen. Hoffentlich ist der fremde Junge auch gut zu dir."

Oskar fühlte sich richtig schlecht, als er mit dem Hund losging. Dabei hatte er überhaupt nichts angestellt.

Wie heißt es doch so schön? Geteiltes Leid ist halbes Leid. Als Oskar mit der schleifengeschmückten Rosine um die Ecke kam, entfuhr Fabio ein langer Seufzer: „Mensch, die ist aber auch fett!"

Sie liefen zum Park. Dort zauberte Fabio einen kleinen Gummiball aus seiner Jackentasche. Zuerst warf er den Ball im hohen Bogen auf den Rasen. Rosinchen sollte ihn zurückbringen. Sie schaute ihn allerdings nur verständnislos an. Fabio blieb nichts anderes übrig, als den Ball selbst wiederzuholen. Als Nächstes rollte er den Ball vor Rosinchens Nase hin und her. Immerhin blickten ihre schwarzen Knopfaugen dem bunten

Ding jetzt interessiert nach. Irgendwann siegte ihr Spieltrieb. Sie sprang auf und stupste den Ball mit ihrer Nase an. Sehr bald schon tobte sie mit dem Spielzeug über den Rasen.

„Siehst du", freute sich Fabio, „wenn sie nicht so überfüttert wäre, wäre sie ein ganz normaler Hund."

Oskar nickte. „Ja. Und wenn die blöde Schleife nicht wäre, könnte man sich auch mit ihr sehen lassen."

Als Oskar aus der Bäckerei kam, traf er wieder die junge Frau mit der abgeschnittenen Jeans. Sie warf einen mitleidigen Blick auf Rosinchen. Und zu Oskar sagte sie streng: „Ich an deiner Stelle würde dem armen Tier keinen Schokokuss füttern."

Daran konnte man gleich merken, dass sie Rosalinde Heinicke noch nie begegnet war. Oskar jedenfalls dachte nicht im Traum daran, sich mit der alten Dame anzulegen. Außerdem schien Rosinchen Schokoküsse über alles zu lieben.

„Na, wenigstens bist du heute pünktlich." Frau Heinicke riss ihren Hund an sich, als hätte Oskar ihm etwas ganz Schlimmes angetan. Mit spitzen Fingern reichte sie ihm das Geld, knallte die Haustür zu und legte von innen die Sicherheitskette vor.

Fabio, der auf dem Bürgersteig gewartet hatte, grinste. „Mensch, ist die freundlich."

Auf dem Fußballplatz war es dann noch ganz lustig. Sie übten Elfmeterschießen. Erst war Oskar der Torwart, später Fabio. Es stellte sich heraus, dass beide gute Schützen waren, echt. Als Torhüter waren sie allerdings die reinsten Versager. Nicht ein einziges Mal gelang es einem von ihnen, den Ball zu halten.

„Kommst du morgen wieder mit?“, fragte Oskar auf dem Heimweg.

Leider schüttelte Fabio den Kopf. „Nee, keine Lust. Das hat mir erst mal gereicht. Geh du mal schön allein mit der Speckrolle spazieren. Ich vergnüge mich lieber im Schwimmbad. Kannst ja nachkommen, wenn du fertig bist. Ich halte dir einen Platz im Wasser frei.“

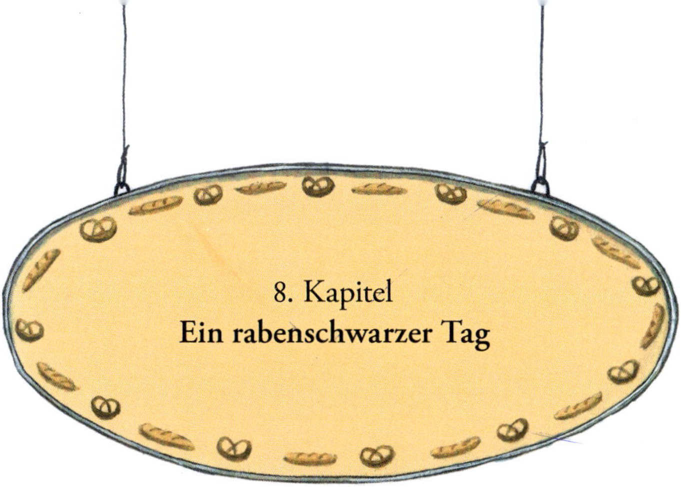

8. Kapitel
Ein rabenschwarzer Tag

Der nächste Tag sollte einer der schrecklichsten in Oskars Leben werden. Aber das wusste er noch nicht, als er morgens aufstand. Zunächst sah die Welt ja auch ganz harmlos aus. Die Sonne strahlte freundlich, ein paar weiße Wattewölkchen spazierten über den knallblauen Sommerhimmel und auf seinem Schreibtisch luden ihn vier glänzende Euromünzen ins Schwimmbad ein.

In der Schule war es auch gar nicht so übel. Im Diktat hatte er eine glatte Zwei geschrieben – und das, obwohl er überhaupt nicht richtig geübt hatte. Nach der fünften Stunde verabredete er sich mit Fabio. „Um Viertel nach vier bin ich im Freibad“, versprach er.

Um halb zwei zogen plötzlich dicke graue Wolken auf, um zwei fielen die ersten Regentropfen, um halb drei goss es in Strömen. Regen im August, das war wirklich eine Unverschämtheit! Ob Hunde auch bei solchem Wetter rausmussten? Wahrscheinlich wohl. Oskar kramte seine Regenjacke aus dem Schrank und machte sich auf den Weg. Ihn störte das Wasser von oben eigentlich wenig. Nur dass es mit dem Schwimmbad Essig war, das ärgerte ihn.

Rosalinde Heinicke machte ein Gesicht, als wäre ihr eine dicke Laus über die Leber gelaufen. „Wo warst du gestern mit Rosinchen?“, fuhr sie ihn an. „Sie hatte ganz sandige Pfoten. Habe ich dir nicht gesagt, dass sie keinen Dreck mag? Wenn du dich nicht an meine Anweisungen hältst, suche ich mir jemand anderen. Merk dir das gefälligst!“

In Anbetracht der beiden Euromünzen, die er zu verdienen gedachte, sagte Oskar keinen Ton. Er behielt für sich, wie schön Rosinchen gestern mit dem Ball gespielt hatte, wie munter sie gewesen war, wie fröhlich sie gebellt hatte. Er vergewisserte sich nur mit der Hand, dass Fabios Ball in seiner Hosentasche steckte. Und er nahm sich ganz fest vor, Rosinchen wieder im Park spielen zu lassen. Hinterher würde er ihre Pfoten gründlich säubern, damit Frau Heinicke nichts zu meckern fand.

Übrigens war die Hündin von selbst zur Tür gelaufen. Und bei Oskars Anblick wedelte sie mit dem Schwanz. Das schien Frau Heinicke irgendwie zu ärgern. „Wenn du nicht hören kannst, suche ich mir jemand anderen“, wiederholte sie noch einmal. Jetzt erst bemerkte sie, dass es regnete. „Ach du liebe Zeit, Regen! Da muss mein Liebling ja sein Mäntelchen anziehen. Damit er sich nicht erkältet."

Dann holte sie etwas Schreckliches aus dem Schrank. Etwas, das Oskar nie zuvor gesehen hatte. Klein war es und aus knallrosa Lackstoff. Und Rosinchen musste das Ding, das sich als Hunderegenmantel entpuppte, anziehen. Besonders glücklich sah sie darin nicht aus, fand Oskar. Er fragte sich, ob er allen Ernstes dazu bereit war, für zwei Euro mit so einem lächerlich verkleideten Pudel durch die Straßen zu laufen. Wo ihn jeder sehen konnte. Ins Schwimmbad konnte er bei diesem Wetter ja sowieso nicht, also brauchte er das Geld eigentlich nicht so dringend.

Plötzlich jedoch sah Rosinchen ihn an. Mit ihren schwarzen Knopfaugen. Und er verstand, dass sie gern ein bisschen rauswollte. Sogar, wenn sie diesen blöden Mantel überziehen musste.

„Na komm", sagte er leise. Die meisten Leute wagten sich bei Regenwetter sowieso nicht vor die Tür. Es würde ihn schon niemand erkennen.

Diesmal brauchte er Rosinchen gar nicht hinter sich herzuziehen, im Gegenteil, sie rannte mit hocherhobenem Haupt voraus, so als könnte sie es kaum erwarten. Sie war wirklich ein süßer kleiner Hund. Bis auf den blöden Mantel natürlich, aber dafür konnte sie ja nichts. Im Park tollte sie richtig herum. Immer wieder kullerte der Ball in ein Blumenbeet, wo sie ihn dann mit Feuereifer freibuddelte. Am Ende waren ihre weißen Pfoten rabenschwarz, genau wie ihr Bauch. Auch der Mantel hatte eine Menge Schmutz abbekommen, er sah jetzt rosa-schwarz gesprenkelt aus. Kein Wunder, Rosinchen war auf der Suche nach ihrem Spielzeug mehrmals unter die nassen Büsche gekrochen, und da war es natürlich besonders dreckig.

Oskar fand das nicht weiter schlimm. In seiner Hosentasche steckte ja ein Päckchen Papiertaschentücher. Damit würde er die Hündin schon wieder einigermaßen sauber kriegen. Dachte er. Tatsächlich klappte das längst nicht so gut, wie er es sich vorgestellt hatte. Eine Bürste hätte er brauchen können. Oder wenigstens einen feuchten Waschlappen. Mit den Papiertüchern rieb er den Sand noch mehr in die weißen Locken. Der Mantel hatte übrigens von den tief hängenden Zweigen einen kleinen Riss davongetragen.

Auweia, so wie es aussah, war das sein letzter Nachmittag mit Rosinchen gewesen. Dabei hatte er sich gerade an sie gewöhnt. Und sie sich an ihn.

„Schade." Er streichelte sanft ihren Kopf. Ihr Stummelschwanz wackelte begeistert hin und her. „Dein Frauchen wird uns gleich die Hölle heißmachen. Und ich fürchte, sie wird sich jemand anderen suchen, der dich in Zukunft ausführt."

Auf dem Heimweg war es Oskar, der wie eine Schnecke kroch. Sein Herz schien sich in einen Backstein verwandelt zu haben. Vor dem Bäckerladen band er Rosinchen am Fahrradständer fest. Mit einem doppelten Knoten, obwohl das bestimmt nicht nötig war. Aber wer wusste denn, ob Frau Heinicke ihn nicht mit dem Fernglas beobachtete? Die Bäckerei war ausnahmsweise leer. Vielleicht mochten die Leute bei Regen keinen Kuchen essen.

„Na, du scheinst ja endlich der Richtige zu sein. Schon drei Tage. Die anderen hat Frau Heinicke schon nach einem Tag wieder rausgeschmissen", meinte Frau Steenblock, die ja nicht wissen konnte, dass heute höchstwahrscheinlich auch Oskars letzter Tag war.

„Weiß nicht." In seinem Hals saß so ein dicker Kloß, dass er einfach nicht mehr sagen konnte.

Frau Steenblock wunderte sich. „Was machst du denn für ein finsteres Gesicht? Der Regen, was? Ja, ich find das auch nicht gut. Gerade hat man sich an das schöne Wetter gewöhnt. Wir wollten eigentlich heute Abend grillen. Jetzt kann ich die Koteletts wohl in der Pfanne braten."

Gleich als Oskar die Ladentür öffnete, sah er die Bescherung. Auch wenn er es zuerst nicht glauben konnte und wie wild seine Augen rieb. Falls er vor lauter Regen schief geguckt hatte. Was aber leider nicht der Fall war – Rosinchen war weg!

Nur die rosa Lederleine hing am Fahrradständer. Immer noch mit dem Doppelknoten. Oskar wurde so schlecht, dass er sich einen Moment gegen die Wand lehnen und ganz tief Luft holen musste.

Drei Sekunden später riss er die Ladentür wieder auf. „Sie ist weg! Geklaut!“, keuchte er. „Jemand hat Rosinchen gestohlen!“

„Ach du liebe Zeit, das kann doch nicht wahr sein!“, stöhnte die Bäckersfrau. Dann rief sie ihren Mann und die beiden Gesellen aus der Backstube. Alle stürzten auf die Straße, um gemeinsam die Leine am Fahrradständer zu begutachten.

Bäcker Steenblock kratzte sich am Kopf. „Der Hund kann noch nicht weit sein."

Er rannte zur nächsten Kreuzung und schaute in alle vier Himmelsrichtungen. Vergeblich. Weit und breit war keine Menschenseele zu entdecken. Und leider auch keine Hundeseele.

Was nun? Wen musste man zuerst benachrichtigen: Frau Heinicke oder die Polizei?

„Vielleicht klärt sich alles auf. Der Hund kann sich doch selbst losgerissen haben", schlug einer der Gesellen vor. „Und er ist längst zu Hause. Am besten gehst du gleich zu Frau Heinicke und fragst."

Frau Steenblock klopfte Oskar aufmunternd auf die Schulter. „Ich seh schon, du traust dich nicht. Na, dann komme ich eben mit."

Das war wirklich schwer in Ordnung.

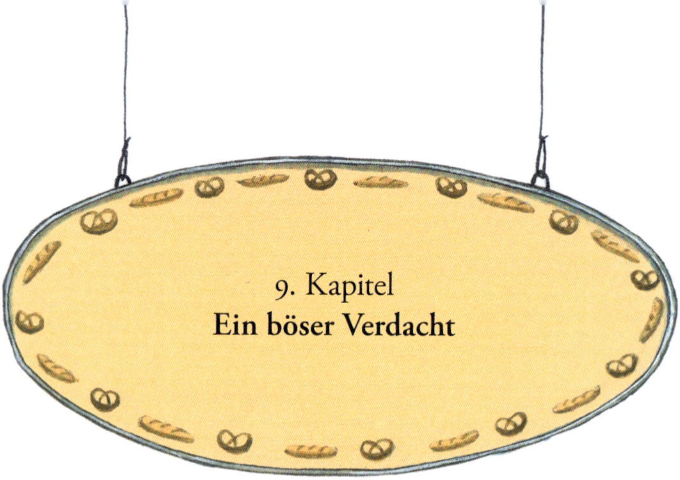

9. Kapitel
Ein böser Verdacht

Rosalinde Heinicke schnappte nach Luft. Ihr Gesicht färbte sich genauso rosarot wie ihre Tapeten. „Du hast mein Rosinchen nicht richtig angebunden!“ Mit ihrem Zeigefinger pikste sie Oskar beinahe auf. „Ich habe ja gleich gewusst, dass man sich nicht auf dich verlassen kann. Ich werde sofort die Polizei anrufen. Und dich zeige ich noch heute an, jawohl! Du Hundedieb!“

„Aber Frau Heinicke, ich bitte Sie, der Junge kann doch nichts dafür.“ Schützend legte die Bäckersfrau beide Hände auf Oskars Schultern.

„Sie halten sich da gefälligst raus. Wenn Sie sich nicht so stur anstellen würden, hätte mein Rosinchen gar nicht draußen warten müssen. Dann wäre es nie zu dieser Katastrophe gekommen!“

„Wir verkaufen Lebensmittel. Deshalb haben Tiere in unserem Geschäft nichts verloren. Sie haben wohl noch nie etwas von Hygienevorschriften gehört!“ Auch die Bäckersfrau konnte unfreundlich sein, wenn sie wollte. Und gerade jetzt war ihr danach.

Frau Heinicke stürzte zum Telefon. „Es ist jemand vor der Bäckerei Steenblock entführt worden. Ich brauche sofort die Kriminalpolizei.“ Sie nannte ihren Namen und ihre Adresse, dann knallte sie den Hörer auf. Als Nächstes humpelte sie mit ihrem Gipsbein zur Bäckerei.

Vier Minuten später hielt ein grau-blaues Polizeiauto mit quietschenden Reifen vor der Bäckerei Steenblock. Zwei Streifenpolizisten sprangen aus dem Wagen. Als sie hörten, dass es sich bei dem Entführten um einen Hund handelte, brachen sie in lautes Gelächter aus. Einer stieg wieder ins Auto und griff nach dem Funkgerät. „Blinder Alarm. Hier ist ein Hund verschwunden. Das schaffen wir gerade noch allein.“

„Was erlauben Sie sich?“, fauchte Frau Heinicke. „Von einem gewöhnlichen Hund kann hier gar nicht die Rede sein. Es geht um ein wertvolles Rassetier! Dieser junge Mann“, sie zeigte auf Oskar, „war für meine Hündin verantwortlich. Ich verlange, dass Sie ihn mit aufs Revier nehmen und dort verhören. Er hat mein armes Rosinchen nicht ausreichend angeleint. Alles ist seine Schuld!“

Oskar hatte das schreckliche Gefühl, immer kleiner zu werden, während Frau Heinicke mit ihrem Gipsbein sich in ein riesengroßes Monster verwandelte. Gleich würde sie ihren Mund aufreißen und ihn verschlucken. Ohne dass er es merkte, griff er nach Frau Steenblocks Hand.

Die verstand sofort. „Die Frau ist einfach nur aufgeregt. Sie weiß gar nicht, was sie redet. In Wahrheit hat der Junge sehr gut auf den Hund geachtet. Er war bloß einen Moment im Laden, um einen Schokokuss für den Pudel zu kaufen."

Einer der Polizisten bückte sich nach der Hundeleine. „Da, die Leine ist nicht beschädigt. Und immer noch mit einem doppelten Knoten am Fahrradständer befestigt. Sie können dem Jungen also gar nichts vorwerfen, gute Frau. Um was für einen Hund handelt es sich überhaupt?"

„Um eine Zwergpudelhündin. Malwine von Friedrichsruh. Ein wertvolles Tier mit einem hervorragenden Stammbaum. Und hätte ich nicht den Gips, hätte ich sie nie im Leben einem Wildfremden anvertraut. Man sieht ja, was dabei herauskommt. Vielleicht hat mein Rosinchen sich losgerissen, weil sie solche Sehnsucht nach ihrem Frauchen hatte. Wer weiß denn, wie schlecht der Junge sie behandelt hat?" Feindselig starrte sie Oskar an.

Der Polizist lachte. „Ein Zwergpudel? Und der soll sich losgerissen haben? Das ist doch Unsinn, meine Dame. Da, schauen Sie selbst. Die Leine ist unversehrt. Die hat ein Mensch ausgehakt. Und was liegt da?“ Er hob ein Stück rosa Lackstoff auf.

„Rosinchens Regenmantel!“, schluchzte Frau Heinicke. „Oh Gott, sie wird sich erkälten.“

„Und das Ding hat sie sich auch selbst ausgezogen, was? Nee, jemand hat Ihren Hund mitgenommen. Gestohlen. Geklaut. Das ist ja wohl eindeutig. Und der Junge kann überhaupt nichts dafür.“

Leider bestand Frau Heinicke darauf, dass Oskar doch schuld an Rosinchens Verschwinden war. „Vermutlich ist dieser Oskar hier selbst in die Entführung verstrickt. Mir ist gleich aufgefallen, wie interessiert er

meine wertvollen Möbel angesehen hat. Der Bengel hat es faustdick hinter den Ohren. Ich nehme an, dass man Lösegeld von mir erpressen will. Immerhin bin ich eine vermögende Frau! Man liest ja die tollsten Dinge über diese Kinderbanden."

„Ich an Ihrer Stelle wäre ein bisschen vorsichtig mit solchen Anschuldigungen. Mir ist nichts von einer Kinderbande in unserer Stadt bekannt. Ich glaube, Sie sehen zu viel fern." Der Polizist sah Rosalinde Heinicke streng an.

Sein Kollege meinte, dass es Leute gebe, die sich auf den Diebstahl von Rassehunden spezialisiert hätten. Mit gefälschten Papieren würden sie die Tiere teuer weiterverkaufen. Ins Ausland. „Wenn Ihr Hund so wertvoll ist, haben Sie ihn ja sicherlich im Ohr tätowieren lassen. Mit der Nummer kommen wir vielleicht weiter."

„Sind Sie verrückt?", kreischte Frau Heinicke empört. „So was tut doch schrecklich weh! Das hätte ich meinem Rosinchen nie und nimmer angetan."

„Dann sieht es leider sehr schlecht aus. Wir werden natürlich alles versuchen, aber Sie sollten sich keine allzu großen Hoffnungen machen. Sollten wir den Hund doch finden, können Sie ohne Nummer ja gar nicht beweisen, dass es Ihrer ist." Die Polizisten stiegen in ihr grau-blaues Auto und fuhren davon. Diesmal ohne Blaulicht.

„Glaub ja nicht, dass du für diesen Nachmittag auch noch bezahlt wirst!", tobte Frau Heinicke, bevor sie davonhumpelte. „Ich weiß genau, dass du mit den Entführern unter einer Decke steckst! Rosalinde Heinicke kann man nicht betrügen!"

Kopfschüttelnd schaute die Bäckerin ihr nach. „Was hat sie dir denn normalerweise gegeben? Zwei Euro? Hier …" Sie holte das Geld aus der Kasse. „Schließlich kannst du gar nichts dafür."

10. Kapitel

Da hilft nicht mal ein Eis

So mies hatte Oskar sich lange Zeit nicht mehr gefühlt. Zu Hause erzählte er die ganze Geschichte seiner Mutter. Von Anfang bis Ende. Er ließ auch Rosalinde Heinickes gemeine Anschuldigungen nicht aus.

Katharina Nusspickel nahm ihn in den Arm. So als wäre er noch ein ganz kleiner Junge. Aber heute störte Oskar das überhaupt nicht. Im Gegenteil, er fand es sogar schön.

„Mach dir nichts daraus. Hauptsache, du weißt, wie es gewesen ist. Was hältst du davon, wenn ich dich zum Eisessen einlade? Damit du auf andere Gedanken kommst."

Ob man es glaubt oder nicht, Oskar war so unglücklich, dass ihm nicht einmal Nusseis mit Sahne und Schokoladensoße schmeckte. Als seine Mutter sich einen Malagabecher bestellte und er die Rosinen im

Eis sah, konnte er nur mit viel Mühe ein Schluchzen unterdrücken.

Einer, der Hunde klaute, war ein gemeiner Fiesling, ganz bestimmt. In was für einem dunklen Verlies er das arme Rosinchen wohl gefangen hielt? Sicher fror sie jämmerlich ohne ihren Mantel. Vielleicht ließ der Entführer sie sogar hungern, weil sie doch so wohlgenährt war. Armes Rosinchen. Armes, kleines, dickes Rosinchen.

„Na, nun mach dir nicht solche Sorgen, Oskar. Die kriegt ihren Hund schon wieder. Pass mal auf, wenn diese Frau Heinicke tatsächlich so reich ist, schaltet sie bestimmt einen Privatdetektiv ein."

DETEKTIV! Na klar! Auf einmal wusste Oskar, was er zu tun hatte. Er selbst würde Rosinchen finden. Genau. Er würde Rosalinde Heinicke ihren Hund zurückbringen. Und damit den Verdacht, dass er mit den Hundeentführern unter einer Decke steckte, aus der Welt schaffen. Jawohl. Oskar Nusspickel war kein Halunke und das würde er sehr bald schon beweisen. Zum ersten Mal seit Stunden fühlte er sich besser.

„Guck mal", sagte seine Mutter, „es hat aufgehört zu regnen."

Na bitte, das war ein Zeichen des Himmels. Oskar würde den Hund finden.

„Können wir noch bei Brigitte vorbei?", fragte er. „Ich muss dringend ein paar Dinge klären."

Brigitte hatte schon von Rosinchens Verschwinden gehört. Die ganze Straße wusste mittlerweile Bescheid. Brigitte erzählte, dass Frau Heinicke am Telefon Wache hielt. Falls die Entführer anriefen und ein Lösegeld forderten, wollte sie zahlen.

„Ist Frau Heinicke denn wirklich so reich?", erkundigte sich Oskar.

Brigitte nickte. „Und wie. Ihr Mann war Eigentümer einer großen Maschinenbaufirma, die nach seinem Tod verkauft wurde. Frau Heinicke gehören mehrere Häuser in dieser Straße."

Das war interessant. „Also könnte es tatsächlich sein, dass jemand Lösegeld für den Hund verlangt", überlegte Oskar laut.

Brigitte zuckte mit den Schultern. „Wer weiß. Der Hund ist doch ihr Ein und Alles. Kinder hat sie nämlich nicht."

„Im Moment glaubt sie jedenfalls, dass ich was damit zu tun habe."

Brigitte lachte ungläubig auf. „Du? Das ist doch Quatsch. Das hat sie nur gesagt, weil sie so aufgeregt ist."

„Trotzdem würde sie mir nicht erzählen, ob jemand angerufen hat. Nee, die wird in ihrem ganzen Leben kein Wort mehr mit mir wechseln. Brigitte, deshalb bin ich auf deine Unterstützung angewiesen. Du fragst sie einfach, ob die Entführer sich schon gemeldet haben. Und wenn ja, sagst du mir gleich Bescheid."

Brigitte zog ein Gesicht, als hätte sie auf eine Zitrone gebissen. „Also weißt du, mit der Heinicke rede ich normalerweise nicht so viel. Wenn ich ehrlich bin, kann ich sie nicht ausstehen. Und sie mag mich auch nicht besonders."

Doch Oskar ließ nicht locker. „Egal. Du musst. Das hier ist ein Notfall. Oder soll sie etwa überall herumerzählen, dass ich ein Dieb bin? – Und noch was: Hat Frau Heinicke Feinde?"

„Meine Güte, ich komme mir ja vor, als ob ich von der Kripo verhört werde. Aber wenn du es unbedingt wissen willst: Ja, sie hat jede Menge Feinde. Ich kenne eigentlich niemanden, der Frau Heinicke mag. Vor dir haben zwei andere Jungen den Hund ausgeführt. Beide hat sie schon nach dem ersten Tag entlassen. Der eine kam eine Viertelstunde zu spät, der andere hat vergessen, den blöden Schokokuss zu kaufen. Und mit dem Bäcker zankt sie sich auch ewig, weil der Hund nicht mit in den Laden darf. Ja, und die Leute, die auf der linken Seite von ihrem Haus wohnen, mag sie schon überhaupt nicht, weil deren Garten zu unordentlich ist. Sie meint, dass das Unkraut unter dem Zaun durchwächst. Der Zeitungsmann kommt ihr zu spät, der Postbote dagegen viel zu früh. Sie findet an jedem etwas auszusetzen."

„Und von mir denkt sie, dass ich etwas mit Rosinchens Verschwinden zu tun habe. Aber ich werde ihr schon das Gegenteil beweisen. Mit deiner Hilfe. Wenn du irgendwas hörst, musst du mich unbedingt sofort benachrichtigen. Versprichst du mir das?"

Brigitte seufzte. „Na, meinetwegen. Ich will zusehen, ob ich was rauskriegen kann. Ich hoffe bloß, du weißt mein Opfer zu würdigen. Wenn du mich fragst, ist der Hund einfach nur weggelaufen. Weil er es nicht länger ausgehalten hat. Die Heinicke hat ihn doch von morgens bis abends mit Schokolade vollgestopft. Und er durfte sich nie schmutzig machen. Hinten hat sie den ganzen Garten pflastern lassen, damit er nicht mehr im Sand buddeln kann. Das arme Tier!"

„Rosinchen konnte den Haken von der Hundeleine nicht selbst lösen. Das hat der Polizist auch gesagt", warf Oskar ein.

„Vielleicht hast du die Leine nicht richtig am Halsband befestigt. Aus Versehen natürlich."

„Jetzt fängst du auch noch an. Nee, mit der Leine war alles in Ordnung. Außerdem ist Rosinchen viel zu faul, um sich loszureißen. Die hat einer geklaut. Einer, der ihr rosa Regencape einfach auf den Boden geschmissen hat. Wohl, damit man sie nicht so leicht erkennt. Aber jetzt wird es höchste Zeit für uns. Komm, Mama. Ich muss unbedingt noch bei Fabio anrufen. Er muss mir bei meinen Ermittlungen helfen."

Zu Hause stürzte Oskar sich sofort auf das Telefon. „Fabio, höchste Alarmstufe, es ist ein Verbrechen geschehen, man braucht uns“, keuchte er. Dann lief er dunkelrot an. „Was? Ach, Sie sind es, Frau Andreotti. Hier ist Oskar Nusspickel, könnte ich wohl Ihren Sohn sprechen?“

Wie man sich denken kann, war auch Fabio schockiert. Die Vorstellung, dass jemand Rosinchen in einem dunklen Versteck gefangen hielt, machte ihn richtig wütend. „Logisch, dass du auf mich zählen kannst. Den kriegen wir! Morgen früh in der Schule machen wir einen Plan!“

In dieser Nacht schlief Oskar sehr schlecht. Er träumte schreckliche Sachen. Von Rosinchen natürlich. Mal steckte jemand das vor Angst zitternde Hündchen in eine Plastiktüte. Dann wieder sperrte man Rosinchen in ein dunkles Kellerverlies, wo es von großen Ratten nur so wimmelte.

Schweißgebadet wachte er auf. Ach, Rosinchen. Seine Träume fielen ihm ein. Plastiktüte … Einkaufstasche … Mensch! Er sprang aus dem Bett. Das war eine Idee. Jemand hatte den Hund in eine große Tasche gesteckt. So konnte er sich unbemerkt vom Tatort entfernen.

Oskar riss das letzte Blatt aus seinem Schreibheft. Dass das erste Blatt dadurch auch herausfiel, war ihm ganz egal. Auf dem stand ohnehin nichts Gescheites, höchstens dass er ordentlicher schreiben sollte.

Einkaufstasche??? kritzelte er mit großen Buchstaben. Dann steckte er den Zettel in die Tasche seiner Jeans, die über dem Stuhl hing. Jetzt erst bemerkte Oskar, wie still es in der Wohnung war. Ein Blick zur Uhr erklärte die ungewohnte Ruhe: Es war gerade mal halb fünf. Seine Mutter lag noch im tiefsten Schlaf. Oskar krabbelte wieder unter seine warme Bettdecke. Binnen weniger Minuten war er eingeschlafen.

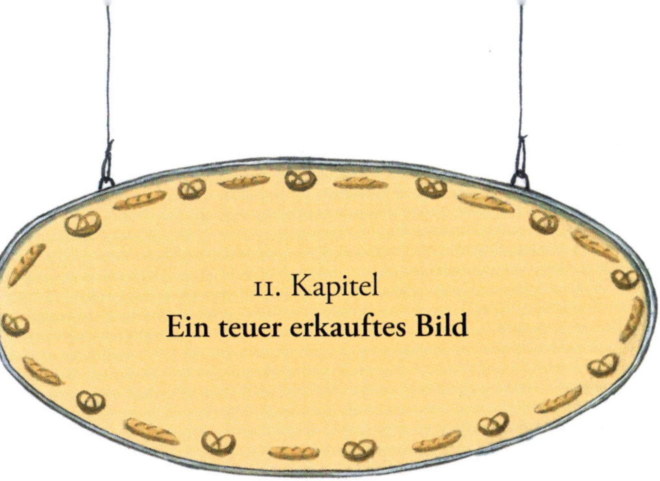

11. Kapitel
Ein teuer erkauftes Bild

Nicht nur Oskar hatte sich Gedanken gemacht, auch Fabio war nicht untätig gewesen.

„Wir brauchen ein Fahndungsplakat. Am besten mit einem Foto von dem Hund!“, schlug er vor. „Und das hängen wir überall auf. Wenn wir Glück haben, erkennt jemand Rosinchen. Schließlich kann sie sich nicht in Luft aufgelöst haben. Vielleicht hat jemand den Täter gesehen. Mit Rosinchen auf dem Arm. Irgendwie muss der Dieb sie ja auch vom Tatort weggebracht haben.“

Oskar fiel der Zettel ein, den er morgens um halb fünf geschrieben hatte. „Ich glaube, man hat sie in einer großen Einkaufstasche fortgetragen. Du kennst ja Rosinchen. Die ist so faul, die lässt sich doch alles gefallen.“

Trotzdem war Fabios Idee mit den Fahndungsplakaten super. Schade nur, dass Oskar kein Foto von der Hündin besaß. Und dass Frau Heinicke ihm auch keins geben würde. Überhaupt nichts würde sie Oskar geben.

„Mist", brummte Fabio. „Dann musst du Rosinchen eben zeichnen. So ähnlich, wie es geht. Du weißt ja, dass ich kein großer Maler bin."

Ja, das war Oskar bekannt. Er wusste allerdings auch, dass er selbst ebenfalls nicht sonderlich künstlerisch begabt war. Eine Sonne, okay, die schaffte er gerade noch. Oder einen Mond. Zur Not sogar einen Baum und ein paar Blumen. Bei den Schmetterlingen wurde es schon kritisch. Aber einen Hund, einen Pudel auch noch? Nein.

Die beiden ersten Stunden vergingen wie im Flug. Oskar und Fabio tauschten ständig Zettel aus. Was die Lehrerin da vorn redete, bekamen sie überhaupt nicht mit. Sie interessierten sich nur dafür, was auf dem Plakat stehen musste. Am Ende einigten sie sich auf:

Wer hat diesen Hund gesehen?
Er wurde am 24. August dieses Jahres
vor der Bäckerei Steenblock geklaut.
Rufen Sie Tel. 19745 an und fragen Sie nach
Oskar Nusspickel.

Das war schon ganz gut. Aber es fehlte das Bild. Sie waren so in ihre Gedanken vertieft, dass sie zusammenzuckten, als es zur Pause klingelte.

Da es wieder regnete, durften die Kinder ausnahmsweise im Klassenzimmer bleiben. Der Malerei stand also nichts mehr im Wege. Mit wichtiger Miene holte Oskar seinen Malblock hervor. Er musste es einfach schaffen. Zuerst war der Kopf viel zu groß. Und so rund wie ein Vollmond. Er radierte ihn weg. Jetzt geriet der Kopf zu klein und zu lang. Das Wesen sah aus wie eine Banane mit Ohren. Überhaupt, die Ohren. Hatten Pudel Hängeohren? Nein, scheinbar nicht, denn das sah jetzt völlig verkehrt aus. Wieder musste der Radiergummi her.

„Soll das ein Pferd sein?“, fragte Jessica hinter seinem Rücken. Was fiel der ein, sich heimlich anzuschleichen?

„Hau ab, das geht dich nichts an“, knurrte Oskar unfreundlich. Dabei hielt er beide Hände über seinen mittlerweile dritten Versuch, Rosinchen zu malen.

Jessica ließ sich gar nicht beirren. „Wenn du ein Pferd zeichnen willst, musst du den Kopf viel länglicher machen. Und die Ohren stimmen so auch nicht.“ Sie selbst konnte so gut malen, dass sie in Kunst immer eine dicke Eins im Zeugnis bekam. Trotzdem ging ihre Besserwisserei Oskar auf die Nerven.

„Kümmere dich um deinen eigenen Kram.“ Gerade war Oskar eingefallen, was er vergessen hatte: die Schleife, genau. An der Schleife würde man Rosinchen sofort erkennen. Er griff nach dem rosa Buntstift.

„Hey, das wird der süße Hund, stimmt's?" Jessica war schon wieder da. „Besonders ähnlich ist das aber nicht. Bei dir sieht er aus wie eine Mischung aus Hund und Regenwurm."

„Mach's doch besser", fuhr Oskar sie an.

Das ließ Jessica sich nicht zweimal sagen. Sie holte einen Block aus ihrer Schultasche und zauberte innerhalb kürzester Zeit ein tolles Bild von Rosinchen aufs Papier. Sogar den dicken Kullerbauch vergaß sie nicht. Da konnte Oskar nur staunen.

„Schenkst du mir das?" Auch wenn es ihm gegen den Strich ging, bemühte er sich, so nett wie möglich zu klingen.

„Nein."

„Stell dich doch nicht so an. Du kannst dir doch ein neues Bild malen. Ich brauche deine Zeichnung unbedingt ..."

„Wozu?"

„Das geht dich nichts an."

„Dann kriegst du sie auch nicht."

Oskar und Fabio wechselten einen verzweifelten Blick. Oh, sie wussten genau, was passieren würde. Wenn Jessica erst von Rosinchens Verschwinden erfuhr, wollte sie bei den Nachforschungen helfen. Garantiert. Und wenn sie Jessica mitmachen ließen, bedeutete das gleichzeitig, dass Marina auch dabei war. Die beiden Mädchen waren nämlich unzertrennlich.

In den Sommerferien hatten die vier gemeinsam ein Zeltlager besucht. Dort war es zu Diebstählen gekommen. Am Ende hatten Oskar und Fabio dem Dieb das Handwerk gelegt. Um ihn zu überführen, hatten sie eine List gebraucht. Damals ließ es sich nicht vermeiden, Jessica und Marina in den Plan einzuweihen. Ja, unglücklicherweise waren sie sogar auf die Mithilfe der Mädchen angewiesen gewesen. Aber diesmal wollten sie ganz allein den Fall lösen.

„Gib uns doch einfach das Bild", versuchte jetzt Fabio sein Glück. Aber Jessica blieb hart.

„Na gut." Oskar seufzte tief. „Jemand hat gestern den Hund geklaut. Und wir brauchen das Bild für ein Fahndungsplakat."

Nun war es heraus. Jessica winkte Marina heran und dann mussten die beiden Freunde alles erzählen. Wirklich alles.

Jessica schob das Bild zu Oskar herüber. „Das hättest du ja gleich sagen können. Wir helfen euch gern, was, Marina?"

„Klar, wir sind dabei. Aber bildet euch nichts darauf ein. Wir machen es nur wegen des süßen Hundes. Mein Vater hat zu Hause einen Fotokopierer. Wenn das Plakat fertig ist, kann ich es kopieren", bot Marina an. „Und beim Aufhängen helfen wir auch."

Da war wohl nichts mehr zu machen. Rosinchen würde nicht zwei, sondern vier Retter haben.

12. Kapitel
Vierzig Fahndungsplakate oder Jessica wird bestimmt mal Lehrerin

Mit dem fertigen Plakat in der Hand marschierten die beiden Jungen zu Marina nach Hause. Ihr Vater war von Beruf Versicherungsvertreter. Deshalb brauchte er auch einen Fotokopierer. Der Vater selbst war nicht daheim. Zum Glück, wie Marina betonte. Weil sie sonst gar nicht zu viert in sein Büro gedurft hätten.

Wie nicht anders zu erwarten, war Jessica schon da. Sie war direkt von der Schule aus mit zu ihrer Freundin gegangen. Die beiden hingen wirklich wie Kletten aneinander.

Bei dieser Gelegenheit lernte Oskar Marinas Hund kennen: einen braunen Cockerspaniel mit riesengroßen, treuen Augen. Über den Besuch der Kinder schien er sehr erfreut zu sein. Schwanzwedelnd lief er von einem zum anderen. Und er gab sich erst zufrieden, nachdem jeder ihn ausführlich gestreichelt hatte.

Oskar war ganz seltsam zumute, als er seine Hand in dem weichen Fell versenkte. Rosinchen hatte sich so ähnlich angefühlt. Ach, Rosinchen …

„Wie heißt er denn?“, fragte er.

„Cocki.“

Die Idee, einen Cockerspaniel Cocki zu nennen, war ja nicht gerade originell. Jedenfalls hatten sie Cocki jetzt genug gestreichelt. Er legte sich in sein Körbchen und schlief. War er nun alt, überfüttert oder einfach nur müde? Oskar wusste es nicht. Und er hatte auch keine Zeit, sich darum zu kümmern. Auf ihn warteten größere Aufgaben.

„Zeigt mal her.“ Jessica griff nach dem Plakat. Und dann ging es los. „Das heißt nicht geklaut, sondern gestohlen.“

Missmutig radierte Oskar das Wort aus und krakelte *gestolen* hin.

„Gestohlen schreibt man mit h, du Depp!“

Vielleicht stimmte das sogar, aber ein wenig freundlicher hätte Jessica es trotzdem sagen können. Jetzt behauptete sie auch noch, dass die Telefonnummer viel größer sein müsse, weil sie das Wichtigste sei. „Und ganz davon abgesehen: Wie oft willst du eigentlich noch radieren? Dein Geschmiere kann ja kein Mensch entziffern!“

Oh Mann, diese Jessica war wirklich schlimmer als die schlimmste Lehrerin. Wäre es nicht um Rosinchen gegangen, hätte Oskar sich das alles bestimmt nicht gefallen lassen.

Zu guter Letzt schrieb Marina das Ganze in ihrer Mädchen-Schönschreibschrift ab. Da fand Jessica endlich nichts mehr zu meckern. Marina kopierte das Plakat vierzigmal. Oskar wunderte sich, dass sie mit dem Riesengerät so problemlos umgehen konnte. Er hätte nicht auf Anhieb gewusst, welcher Knopf der richtige war.

Marina drückte Oskar, Jessica und Fabio je zehn Blätter in die Hand. Dazu ein paar Heftzwecken und eine Rolle Tesafilm. Die holte sie aus einer der vielen Schubladen, aber sie sagte, dass ihr Vater nichts davon wissen dürfe. Dann schwärmten sie aus. Die Zettel sollten an Stellen angebracht werden, wo möglichst viele Leute sie lesen würden.

Das war nicht so einfach, wie es sich anhörte. Denn irgendwie kamen alle auf dieselben Ideen. Zuerst trafen sie sich vor dem Schulhof. Fabio war allerdings der Schnellste gewesen, sein Plakat hing schon neben dem Eingangstor. Zehn Minuten später versammelte man sich auf dem Spielplatz, diesmal hatte Marina gewonnen. Ihr Plakat war mittels Heftzwecken an einer dicken Eiche befestigt. Auf die Idee, ein Plakat beim Supermarkt anzubringen, kam Oskar zuerst. Gerade als er sein Werk bewunderte, trudelten Fabio und die beiden Mädchen ein.

„So geht es nicht weiter“, schimpfte Oskar. „Wir vergeuden viel zu viel Zeit. Wie wäre es, wenn wir uns vorher überlegen, wo überall Zettel hängen müssen?“

In aller Eile machten sie einen Plan. Fabio musste zu den Umkleidekabinen auf dem Fußballplatz und zum Schnellimbiss neben der Diskothek, die restlichen Zettel sollte er an den Bushaltestellen befestigen. Marina und Jessica erklärten sich bereit, sämtliche Geschäfte abzuklappern. Jessica wollte bei der Gelegenheit gleich nach einem neuen Pullover Ausschau halten. Für Oskar blieben das Rathaus, die Kirche, das Schwimmbad und der Park. Dort hängte er gleich fünf Zettel auf. Hier war die Wahrscheinlichkeit, dass sich jemand an Rosinchen erinnerte, ziemlich groß.

Plötzlich fiel ihm der Mann ein, der sich am Dienstag so auffällig nach dem Hund erkundigt hatte. Vielleicht war das eine Spur. Er musste unbedingt mit Fabio darüber reden. Doch zuerst wollte er nur eines: nach Hause und dort in aller Ruhe ein Glas Orangensaft trinken. Und sitzen, einfach sitzen. Er war an diesem Nachmittag bestimmt hundert Kilometer gelaufen. Oder wenigstens fünfzig … Eventuell auch nur zehn. Seine Füße taten jedenfalls höllisch weh.

Katharina Nusspickel hatte sich gerade einen Becher Kaffee gekocht. Wie meistens, wenn sie von der Arbeit nach Hause kam. Ihrem Gesicht nach zu urteilen, hatte ihr Chef sie mal wieder ziemlich geärgert.

Doch zum Muttertrösten hatte Oskar jetzt leider keine Zeit. „Hat Brigitte angerufen?"

Müde schüttelte Katharina Nusspickel den Kopf. „Nöö. Aber würdest du wohl rasch zum Bäcker laufen? Wir haben kein Brot mehr."

Gerade wollte Oskar losmeckern, dass er im Traum nicht daran denke. Und er wollte stöhnen, dass seine Füße wie Feuer brannten. Doch er besann sich eines Besseren. „Zu welchem Bäcker ich gehe, ist doch eigentlich egal, nicht?", vergewisserte er sich. Er hatte nämlich soeben beschlossen, die Bäckerei Steenblock aufzusuchen. Mit der Inhaberin musste er unbedingt noch einmal sprechen.

In der Rekordzeit von sieben Minuten stand er am Tresen und verlangte ein halbes Vollkornbrot.

„Na, geht es dir wieder besser?" Frau Steenblock war wirklich nett.

Oskar nickte. „Mir ist da noch was eingefallen. Wie hießen eigentlich die beiden Jungen, die vor mir Rosinchen ausgeführt haben?"

„Lass mich mal überlegen." Sie legte ihren Kopf schief. „Der eine war der Älteste von Höppkes. Die wohnen da hinten in dem gelben Haus. Michael. Ein netter Junge, der das Geld bestimmt gut gebrauchen konnte. Sein Vater ist nämlich arbeitslos. Und der andere war Tobias Klein. Seine Mutter hilft uns manchmal in der Bäckerei. Auch ein ordentlicher Junge."

Nachdenklich schlenderte Oskar mit seinem Brot heimwärts. Bestimmt hatte Rosalinde Heinicke seine Vorgänger genauso unfreundlich behandelt wie ihn selbst. Außerdem hatte sie die beiden laut Brigitte schon nach einem Tag entlassen. Sie hatten also allen Grund, sauer auf die alte Frau zu sein. Damit waren sie sehr verdächtig. Er würde gleich Fabio anrufen und von seinen neuesten Ermittlungen berichten.

Wie sich herausstellte, kannte Fabio beide Jungen. Tobias Klein hieß nicht nur so, er war auch sehr klein. Und kränklich.

„Den können wir streichen. Der würde vor lauter Aufregung gleich eine Grippe kriegen. Oder Durchfall."

Der Älteste von Höppkes, Michael, war da ein anderes Kaliber. Eine Kanone beim Fußball. Und beim Schwimmen. „Der hatte gestern Training", wusste Fabio. „Ich werde mich mal unauffällig erkundigen, ob er wirklich dort war. Wenn nicht, können wir ihn ja beschatten."

Mehr fiel den beiden Detektiven nicht ein. Jetzt hieß es einfach: abwarten, bis jemand anrief. Jemand, der den Entführer bei seiner schlimmen Tat beobachtet hatte. Oder jemand, der irgendwo in der Stadt einen weißen Zwergpudel entdeckt hatte.

Sobald das Telefon klingelte, stürzte Oskar hin. Doch es war jedes Mal falscher Alarm. Einmal war seine Oma dran, dann hatte sich eine alte Frau verwählt. Beim dritten Mal rief Brigitte an. Aber nur, weil sie ihre Freundin Katharina ins Kino einladen wollte. Von Frau Heinicke hatte sie nichts gehört. Ja, sie hatte ihre Nachbarin überhaupt nicht zu Gesicht bekommen.

„Dann klingle an der Haustür und frag, wie es ihr geht", verlangte Oskar forsch. Wie sollte er sonst seinen Fall lösen?

Zu seiner Enttäuschung meinte Brigitte, dass sie noch nie an Frau Heinickes Haustür geklingelt habe und nicht daran denke, das zu ändern.

13. Kapitel
Niemand ruft an und drei Detektive haben keine Lust mehr

Tagelang tat sich nichts. Die Schule schrumpfte für die Detektive zu einer unbedeutenden Nebensächlichkeit zusammen. Selbst Jessica erledigte ihre Hausaufgaben so flüchtig, dass Frau Mertens sie ermahnte. Jessica zuckte gleichgültig mit den Schultern. Sie hatte andere Dinge im Kopf. Alles, was im Moment zählte, war Rosinchens Rettung.

„Hat sich jemand gemeldet?“, wollte sie in der Pause mal wieder wissen. Groß war ihre Enttäuschung, als Oskar verneinte.

Die Plakataktion war eine gute Sache, aber sie reichte offenbar nicht aus. Ganz davon abgesehen, dass diese Warterei kaum auszuhalten war. Sie mussten sich noch mehr einfallen lassen.

„Wer hatte überhaupt ein Motiv, den Hund zu entführen?“, überlegte Jessica.

„Ich hab's: Ein Kind, das sich schon lange einen Hund wünscht, dessen Eltern aber dagegen sind!" Triumphierend schaute Marina von einem zum anderen.

Oskar tippte sich gegen die Stirn. „Und was würden deine Eltern sagen, wenn du mit einem wildfremden Hund nach Hause kommst? Mit einem Rassehund noch dazu, der ein Halsband mit einer Hundemarke trägt?"

Da brauchte Marina nicht lange zu überlegen. „Wieso meine Eltern? Wir haben schon einen Hund! Ihr habt doch unseren Cocki gesehen! Also ich habe es ganz bestimmt nicht nötig, fremde Pudel zu klauen." Beleidigt schaute sie Oskar an.

Der grinste nur. „Mit anderen Worten sind alle Kinder, die keinen Hund haben, verdächtig. Zum Beispiel Fabio, Jessica, ich …"

„Hört auf mit dem Quatsch!", schimpfte Jessica. „Ich finde Marinas Idee hervorragend. Jemand hat Rosinchen gesehen und einfach mitgenommen. Weil sie so süß aussieht. Also ich könnte das verstehen. Das Halsband mit der Hundemarke würde ich einfach abnehmen und wegschmeißen."

„Ja, genau so hab ich es mir vorgestellt." Marina legte ihren Arm um die Schulter der Freundin. Wir zwei halten zusammen, sollte das wohl heißen.

Fabio stellte sich selbstverständlich auf Oskars Seite. „Trotzdem würden die Eltern sofort bei der Polizei nach vermissten Hunden fragen. Oder meinetwegen im Tierheim."

Tierheim? Tierheim! Warum hatten sie nicht eher daran gedacht?

„Ich rufe gleich nach der Schule an", versprach Oskar, dem das Versäumnis ein wenig unangenehm war, schnell.

So wie es aussah, war er doch noch kein Meisterdetektiv. In Anbetracht dessen, dass die Sonne die Regenwolken wieder vertrieben hatte, verabredete er sich mit Fabio im Schwimmbad. Bis dahin wollte sein Freund sich endlich erkundigen, ob Michael Höppke zur Tatzeit beim Fußballtraining gewesen war oder nicht. Für Fabio war das nicht weiter schwer. Der Trainer war nämlich sein Nachbar.

Leider kriegten Jessica und Marina Wind von dem Treffen. Und sie erklärten, dass sie gerne auch kommen würden.

„Das ist gar nicht nötig", versuchte Oskar sie abzuwimmeln. Aber es klappte nicht. Schade.

Der Anruf im Tierheim brachte nichts Neues. Danach starrte Oskar noch stundenlang auf das Telefon. „Los, mach schon, klingle endlich", sagte er, aber das Telefon wollte ihm nicht gehorchen. Da es ziemlich schwer war, gleichzeitig auf einen wichtigen Anruf zu hoffen und Schularbeiten zu machen, sah Oskars Deutschheft hinterher fürchterlich aus. Wenn er Pech hatte, würde seine Lehrerin die Seite durchstreichen. Egal. Endlich war es Zeit aufzubrechen.

Fabio saß bereits auf einer karierten Decke. Rings um ihn herum war sein Proviant für den Nachmittag aufgestapelt: zwei dicke, rotbackige Äpfel, ein hart gekochtes Ei, eine Tüte Erdnüsse, ein Käsebrot und eine Minisalami. Wie schon gesagt, Fabio hatte immer Hunger.

„Hat jemand angerufen?", lautete seine erste Frage.

Oskar schüttelte missmutig den Kopf. „Nöö. Es ist wirklich zum Heulen."

Noch mehr zum Heulen fand er allerdings, dass Jessica und Marina dort hinten angelaufen kamen. Sie

hoben ihre Hände und winkten überschwänglich, als wären sie miteinander befreundet. Oh nein, und schräg gegenüber lagen Dominik und Paul auf ihren Handtüchern. Die beiden würden jetzt natürlich das Falsche denken. Schlimmer noch, sie würden das Falsche morgen in der ganzen Klasse herumerzählen.

„Na, hat jemand angerufen?", wollte auch Jessica wissen, bevor sie ihre Decke neben der der Freunde ausbreitete. Ohne den geringsten Abstand.

„Hey, geht ein Stückchen zur Seite. Ihr nehmt uns ja die ganze Sonne weg", knurrte Oskar.

„Die Sonne kommt von oben." Diese Marina musste auch immer das letzte Wort haben. Die Decke blieb, wo sie war. Und da hinten kicherten Dominik und Paul. Was für ein verkorkster Nachmittag.

„Michael Höppke war zur Tatzeit beim Fußballtraining. Der hat den Hund nicht geklaut." Fabio griff nach einem Apfel.

„Und im Tierheim wurde kein Pudel abgegeben. Da kommen wir ebenfalls nicht weiter." Auch Oskar hatte leider keine guten Nachrichten mitgebracht.

„Super, dann können wir ja schwimmen. Komm, Marina!" Jessica zog ihre Freundin mit sich fort.

Oskar und Fabio sahen sich sprachlos an. Diese Mädchen wollten Detektive sein? Ha, da konnte man ja nur lachen. Das hier war immerhin eine Arbeitssitzung und kein Vergnügen. Oder?

„Was ist, wollen wir nicht auch ins Wasser? Ich glaube, ich muss unbedingt mal meine Denkzellen abkühlen. Die glühen schon!“ Sehnsüchtig starrte Fabio auf das kühle Nass.

Und ganz allein fiel Oskar bestimmt auch nichts Brauchbares ein. Also auf ins Becken, warum nicht? Vielleicht kam die Lösung ihnen ja im Wasser entgegengeschwommen.

Später trafen sie sich auf der Decke wieder. Jessica und Marina sonnten sich. Fabio machte sich über die Erdnüsse her.

„Was wollen wir denn als Nächstes unternehmen?“, fragte Oskar.

Niemand gab eine Antwort.

„Ob es sich lohnt, Tobias Klein zu beschatten?“, überlegte er laut.

„Nöö“, tönte es dreistimmig.

Und Fabio fügte noch hinzu: „Das kannst du ja machen, wenn du unbedingt willst. Für mich ist der Junge absolut unverdächtig. Der darf bei Regen nämlich gar nicht raus. Weil er sich so leicht erkältet.“

Dagegen konnte Oskar nichts sagen. „Wollen wir uns morgen Nachmittag wieder treffen? Vielleicht fällt mir bis dahin noch etwas ein.“

Noch ein dreistimmiges Nöö. Marina wollte in die Bücherei und Jessica hatte angeblich einen Friseurtermin. Fabio machte sich nicht mal die Mühe, eine

Ausrede zu erfinden. „Ich hab keine Lust mehr. Stundenlang haben wir an den Plakaten gesessen und jetzt ruft ewig kein Mensch an! Wir finden den Hund sowieso nicht. Und wozu gibt es schließlich die Polizei?" Damit war die Sache für ihn erledigt.

So war das also. Dass Jessica und Marina an einer weiteren Mitarbeit nicht interessiert waren, störte Oskar nicht sonderlich. Aber dass Fabio auch keine Lust mehr hatte, enttäuschte ihn ziemlich. Aber bitte, dann würde er künftig eben allein gegen den Hundeentführer antreten. Oskar Nusspickel gab nicht so leicht auf. Auf den konnte man sich verlassen.

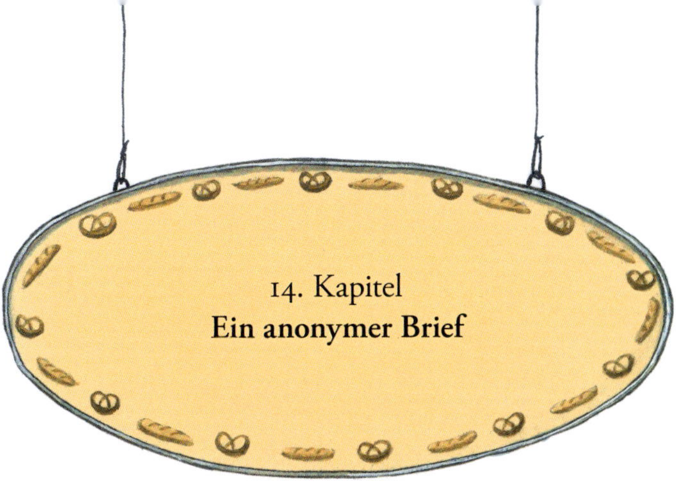

14. Kapitel
Ein anonymer Brief

Am Abend rief Brigitte an. Oskar wollte den Telefonhörer gerade an seine Mutter weitergeben, als Brigitte rief: „Hey, ich will mich mit dir unterhalten! Heute Mittag hab ich Frau Heinicke auf der Straße getroffen. Und da hat sie mir erzählt, dass sie einen anonymen Brief bekommen hat."

„Echt?" Oskars Herz machte einen doppelten Salto vorwärts. Ein anonymer Brief, genau wie im Fernsehen. Das war ja ein tolles Ding. „Und was stand darin?"

„Sie war so außer sich, dass sie mir den Brief sogar gezeigt hat. Jemand hat geschrieben, dass es dem Hund jetzt sehr viel besser gehe. Und dass sie Rosinchen nie wiedersehen werde. Ach ja, und dann noch, dass sie eine alte Tierquälerin sei. Sollte sie auf die Idee kommen, sich einen neuen Hund anzuschaffen, werde man ihr den auch wegnehmen."

Oskar versuchte, sich Rosalinde Heinicke vorzustellen. Wie sie sich über den Brief ärgerte. Und er fühlte Schadenfreude in sich wachsen. „Weiter?"

Brigitte lachte. „Nichts weiter. Das ist doch schon eine ganze Menge, oder? Frau Heinicke hat den Brief zur Polizei gebracht. Die haben ihn kurz durchgelesen und dann gemeint, dass man da nichts machen könne. Na, du hättest sie schimpfen hören sollen! Mir haben direkt die Ohren geklingelt! Jedenfalls will sie vielleicht einen Privatdetektiv beauftragen. Auf Geld kommt es ihr nicht an, hat sie gesagt. Sie will nur ihr Rosinchen wiederhaben."

Noch ein Detektiv? – Jetzt wollte Brigitte doch noch Oskars Mutter sprechen. Es ging mal wieder um den Kinobesuch, den die beiden für das nächste Wochenende planten.

Oskar fiel wieder der Mann im Park ein. Der hatte so komisch geguckt. Vielleicht kannte er sich mit Hunden aus. Und wusste deshalb, dass das arme Rosinchen überfüttert war. Die Sache hatte nur einen Haken – woher hätte der Mann Frau Heinickes Adresse kennen sollen? Wer kam sonst noch infrage? Die Nachbarn mit dem Unkrautgarten? Aber die müssten Rosinchen ja für immer im Haus versteckt halten. Die Gefahr, dass Frau Heinicke ihren Hund im Nachbargarten entdeckte, war viel zu groß. Der Postbote vielleicht? Oder der Zeitungsmann? Was war mit Bäcker Steenblock, mit dem lag sie doch auch im Streit? Irgendwie konnte Oskar sich überhaupt nicht vorstellen, dass erwachsene Leute aus Rache Hunde klauten.

Plötzlich fiel ihm noch jemand ein: die junge Frau beim Bäcker! Genau! Die hatte so etwas gesagt. Dass Frau Heinicke eine Tierquälerin sei. Und dass man ihr den Hund wegnehmen müsse. Stand nicht das Gleiche in dem anonymen Brief? Und der Hund war schließlich vor der Bäckerei verschwunden! Also wenn jemand oberverdächtig war, dann diese Frau. Gleich morgen würde er Frau Steenblock fragen, wie sie hieß und wo sie wohnte.

Frau Steenblock hatte inzwischen auch schon von dem geheimnisvollen Brief gehört. Höchstwahrscheinlich war Rosalinde Heinicke mit ihrem Gipsbein von Tür zu Tür gehumpelt, um jedem davon zu erzählen.

Als Oskar von der jungen Frau anfing, stutzte Frau Steenblock. „Ja, sie hat so was geredet, das stimmt schon. Aber das heißt doch nichts. Viele Leute schimpfen, wenn sie überfütterte Hunde sehen. Allen voran der Tierarzt. Aber deswegen stiehlt er garantiert keine Hunde. Nee, Oskar, mit solchen Verdächtigungen muss man ganz vorsichtig sein, glaub mir."

„Sie könnten mir trotzdem verraten, wie sie heißt. Ich will mich ja nur ein wenig umschauen. Zur Polizei gehe ich bestimmt nicht, keine Angst."

Frau Steenblock verschränkte ihre Arme. „Das wäre ja noch schöner. Nachher heißt es, ich hetze die Polizei auf meine Kunden. Und dann kauft niemand mehr unseren schönen Kuchen und wir müssen ihn alleine essen. Nee, Junge, selbst wenn ich wollte, ich könnte dir nicht helfen. Ich kenne diese Frau nämlich gar nicht. Sie ist keine Stammkundin. Und seit dem Tag, an dem Rosinchen verschwunden ist, war sie übrigens auch nicht mehr hier."

„Sehen Sie, das ist doch höchst verdächtig!" Oskar bekam vor Aufregung rote Wangen.

Leider teilte Frau Steenblock keineswegs seine Meinung. „Wenn du alle Kunden, die in den letzten Tagen nicht hier waren, überprüfen willst, hast du aber viel zu tun. Glaub mir, du verrennst dich. Außerdem fällt mir gerade etwas ein: Die blonde Frau kennt Frau Heinicke überhaupt nicht. Wie hätte sie ihr also einen anonymen Brief schicken sollen? Ich weiß nämlich noch genau, dass ich zu ihr sagte: Man merkt, dass Sie die Hundebesitzerin nicht kennen. Mit der kann man nicht reden. Und sie hat mir nicht widersprochen."

Immerhin war die Bäckerin so freundlich, Oskar einen Berliner zu schenken. Weil sie es nett fand, dass er nach Rosinchen suchte, obwohl Frau Heinicke ihn so unfreundlich behandelt hatte.

Für einen Moment überlegte Oskar, ob er nicht bei Fabio vorbeischauen sollte. Doch er verwarf den Gedanken schnell wieder. Nein, Fabio hatte ja keine Lust mehr. Und nachlaufen würde er ihm ganz bestimmt nicht. Er würde es auch allein schaffen. Die Frage war allerdings, wie er eine junge Frau finden sollte, von der er gar nichts wusste. Außer dass sie dünn war, lange blonde Haare hatte und manchmal abgeschnittene Jeanshosen trug.

Entschlossen drehte Oskar um und öffnete erneut die Ladentür. „Frau Steenblock, ich habe noch eine Frage: Ist diese Frau zu Fuß gekommen oder mit dem Rad?“

„Hmm, darüber muss ich erst mal nachdenken.“ Sie trommelte mit den Fingern auf den Tresen. Dann erhellte sich ihr Gesicht. „Mit dem Rad. Jetzt fällt es mir wieder ein. Sie fährt auf einem lila angestrichenen Fahrrad durch die Gegend. Und sie hat immer eine riesige Einkaufstasche dabei.“

Na bitte, ein lila Rad, auf dem sie geflüchtet war, und eine Tasche, in der sie Rosinchen verstecken konnte. Alles passte zusammen. Verdächtiger als diese Frau konnte man gar nicht sein.

„Und was hat sie immer gekauft?“, wollte Oskar jetzt wissen.

„Na, du stellst vielleicht Fragen. Sie hat Kuchen geholt, zwei Stücke Apfelkuchen mit Zimtstreuseln. Und manchmal noch ein halbes Brot. Warum willst du das wissen?“

Oskar grinste. „Weil das heißt, dass sie nicht allein lebt. Sie wohnt mit jemandem zusammen. Deshalb die zwei Stücke Kuchen."

„Na, ich weiß nicht. Vielleicht ist sie so versessen auf frischen Kuchen, dass sie immer gleich zwei Stücke davon isst."

„Aber nicht zwei gleiche Stücke. Das macht man nur, wenn man zu zweit ist. Und wenn man sich nicht um den Kuchen zanken will."

Gut gelaunt verließ Oskar den Bäckerladen. Frau Steenblock starrte ihm mit offenem Mund hinterher. Wahrscheinlich war sie sprachlos vor Bewunderung. Das verstand Oskar nur zu gut. Er war ja selbst ganz überrascht von seinen detektivischen Fähigkeiten.

15. Kapitel
Oskar sucht ein lila Fahrrad und findet Frau Heinicke

Wochenende. Oskar konnte sich also von morgens bis abends um seinen Fall kümmern. Wunderbar. Sogar das Wetter war auf seiner Seite: Sonnenschein und mindestens achtundzwanzig Grad im Schatten.

Seine Mutter lag noch im Bett. Der Kinoabend mit Brigitte war wohl sehr anstrengend gewesen.

„Was machst du denn um halb acht in der Küche?“, tönte es verschlafen aus ihrem Zimmer.

„Frühstücken. Bin verabredet. Schlaf ruhig weiter.“

„Zum Mittag bist du aber zurück.“

„Ja, keine Sorge.“ Die Mütter immer mit ihren geregelten Mahlzeiten. Katharina Nusspickel war da keine Ausnahme.

Nach zwei Nutellabroten und einer halben Flasche Saft fühlte Oskar sich so stark wie ein Bär. Und so schlau wie ein Fuchs. Lila Fahrrad, ich komme!

In Gedanken fasste Oskar noch einmal zusammen, was er wusste. Er suchte eine junge Frau, die mit jemandem zusammenwohnte, wahrscheinlich mit einem jungen Mann. Zum Einkaufen fuhr sie mit ihrem Fahrrad. Also wohnte sie nicht in derselben Straße, in der die Bäckerei Steenblock lag. Sonst hätte sie ja zu Fuß gehen können. Aber ewig weit weg konnte sie auch nicht wohnen, weil sie dann ihren Apfelkuchen woanders kaufen würde. Bäcker gab es schließlich wie Sand am Meer.

Dann holte Oskar sein eigenes Fahrrad aus dem Keller. Anschließend radelte er sämtliche Straßen in der Umgebung ab. Immer auf der Suche nach der dünnen blonden Frau oder ihrem lila Fahrrad.

Oskar traf allerdings jemand ganz anderen. Nämlich Rosalinde Heinicke. Sie war mit einem Regenschirm unterwegs, den sie als Gehstock benutzte. Wegen des Gipsbeines. Und damit kam sie erstaunlich schnell vorwärts.

Als sie Oskar erblickte, erstarrte sie für einen Moment zu einer Salzsäule. Dann riss sie den Schirm hoch und pikte damit Löcher in die Luft. „Da bist du ja, du Hundeentführer! Ich habe deinen Brief bekommen. Wenn du denkst, dass du mein Rosinchen behalten kannst, hast du dich geirrt. Ich werde nämlich einen Detektiv einschalten. Und der wird dir das Handwerk legen, jawohl!“

Oskar musste schlucken. „Ich hab doch überhaupt nichts damit zu tun." Mensch, das hörte sich sehr viel jämmerlicher an, als es sollte.

„Ich glaube dir kein Wort. An deinen Augen kann man sehen, dass du mich anlügst", schimpfte Frau Heinicke. „Und eine Tierquälerin bin ich noch lange nicht. Das kannst du dir hinter die Ohren schreiben!"

„Aber eine ... Kinderquälerin. Schließlich habe ich Ihnen überhaupt nichts getan!" Diesmal klang Oskars Stimme genau so, wie er sich fühlte. Nämlich wütend.

Frau Heinicke schnappte nach Luft. „Du ... du ..." Mehr fiel ihr im Moment nicht ein.

Zufrieden stieg Oskar auf sein Fahrrad. „Ich habe übrigens schon einen Verdacht. Ich denke, dass ich Rosinchen bald finde. Ach so, etwas müsste ich dringend noch für meine Ermittlungen wissen: An Rosinchens Halsband hing doch so ein Lederherz. War da ein Zettel mit Ihrer Adresse drin?"

„Ja, natürlich. Falls sie mal verloren geht." Verdattert schaute Rosalinde Heinicke ihn an.

Oskar nickte. Dann brauste er davon, mitten hinein in den wunderschönen Augustmorgen. Er war sehr zufrieden. Soeben hatte Rosalinde Heinicke die letzten Zweifel an der Schuld der Blonden ausgeräumt. Nämlich die Frage, wie sie der Hundebesitzerin einen Brief schicken konnte, obwohl sie die Frau gar nicht kannte. Das Lederherz war die Lösung. Einen kurzen Gedanken verschwendete er noch an den Mann aus dem Park. Aber nein, Rosinchen war nicht im Park, sondern vor der Bäckerei Steenblock verschwunden. Und das sprach nun einmal gegen die junge Frau.

Oskar radelte kreuz und quer durch die Stadt. Jede blonde Frau, die ihm unterwegs begegnete, schaute er sich genau an. Doch die Gesuchte war nicht dabei. Auch von einem lila Fahrrad entdeckte er nicht die geringste Spur, geschweige denn von Rosinchen selbst. So ein Mist. Um Viertel vor eins war ihm ganz schummerig. Vor Hunger, vielleicht aber auch vor Enttäuschung. Also machte er sich auf den Heimweg. Er hatte es seiner Mutter schließlich versprochen.

Schon im Flur roch es so köstlich, dass Oskar das Wasser im Mund zusammenlief. Katharina Nusspickel stellte einen Teller mit einem Stapel goldgelber Kartoffelpuffer auf den Tisch. Dazu gab es Apfelmus. Als ihr Sohn allerdings binnen kürzester Zeit vierzehn Kartoffelpuffer verspeiste, gingen ihr beinahe die Augen über. Damit war der Teller nämlich leer. Sie selbst hatte gerade einmal drei Puffer abbekommen. Und jetzt fragte Oskar tatsächlich, ob es noch mehr gebe.

„Nee, tut mir leid. Du kannst dir ja noch ein Brot schmieren."

„Okay!" Schon war Oskar am Brotkasten.

„Hey, was ist denn mit dir los? Hat dein Magen neuerdings ein Loch?", fragte sie entgeistert.

„Nöö", brummelte Oskar mit vollen Backen. „Hatte den ganzen Morgen schwer zu tun. Und gleich muss ich auch schon wieder los."

„Um was geht es überhaupt? Immer noch um den verschwundenen Hund? Du glaubst doch nicht im Ernst, dass du den finden kannst?"

Grinsend schob Oskar den Rest seines Leberwurstbrotes in den Mund. „Ich glaube es nicht, ich weiß es sogar. Die Täterin kenne ich bereits, mir fehlt nur noch ihre Adresse."

„Guck einfach ins Internet."

Ein vernünftiger Vorschlag. Wirklich. Leider musste Oskar zugeben, dass ihm nicht nur die Adresse der jungen Frau fehlte, sondern auch ihr Name.

„Was weißt du denn von ihr?", wollte seine Mutter wissen.

„Wie sie aussieht und dass sie manchmal bei Bäcker Steenblock Apfelkuchen kauft. Ach ja, und sie fährt auf einem lila Fahrrad durch die Gegend."

„Na dann, viel Spaß. Ich hoffe, du hast sie bis Weihnachten gefunden." Katharina Nusspickel lachte. Es war doch immer dasselbe: Mütter trauten ihren Kindern viel zu wenig zu. Aber sie würde sich noch wundern. Und das schon sehr bald. Hoffte Oskar wenigstens.

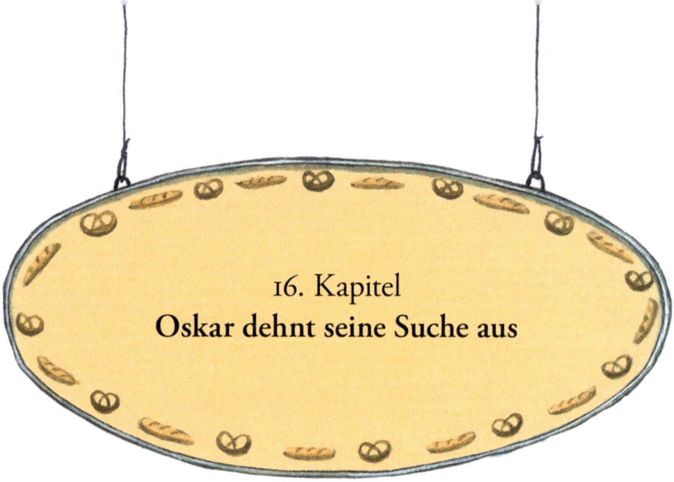

16. Kapitel
Oskar dehnt seine Suche aus

Gleich nach dem Mittagessen setzte Oskar sich wieder auf sein Fahrrad. Und das bei fast dreißig Grad. Alle anderen tummelten sich garantiert im Schwimmbad. Vor allem Fabio, Jessica und Marina, seine ehemaligen Mitdetektive. Doch wohin er auch schaute, nirgends stand das verdächtige Rad. Mist! Der Schweiß lief ihm in Strömen den Rücken hinunter und seine Haare klebten am Kopf. Zum ersten Mal in seinem Leben wünschte er sich schlechteres Wetter.

Irgendwann kam Oskar eine Idee. Eine großartige Idee, die es ihm ermöglichte, ohne schlechtes Gewissen den Rest des Nachmittags im Freibad zu verbringen. Wenn nämlich alle Welt schwimmen ging, warum nicht auch die Hundediebin? Ja, die Wahrscheinlichkeit, dass er sie unter den Badenden antraf, war doch riesengroß. Fröhlich pfeifend strampelte er heim.

Seine Mutter sonnte sich auf dem Balkon. „Fabio hat vorhin angerufen. Er wollte ins Freibad. Wenn du Lust hast, sollst du nachkommen. Ich habe ihm gesagt, dass du wahrscheinlich keine Zeit hast."

„Hab ich eigentlich auch nicht. Aber ich denke, es wäre klug, meine Ermittlungen auf das Schwimmbad auszudehnen. Bei diesen Temperaturen könnte die Verdächtige dort sein."

Seine Mutter nickte. „Da hast du vollkommen recht, Oskar. Sehr gut, dass du darauf gekommen bist. Man merkt, wie ernst du deine Arbeit nimmst. Komm bitte nicht zu spät zurück. Ich wollte uns um halb sieben ein paar Bratwürste grillen."

Es gab für ihren Sohn nichts Köstlicheres als gegrillte Bratwürste. Also gönnten sie sich bei schönem Wetter dieses Vergnügen. Auch wenn die Familie, die über ihnen wohnte, jedes Mal über den Qualm meckerte.

Vor dem Eingang zum Freibad standen unzählige Fahrräder. Schweren Herzens machte Oskar sich daran, die langen Reihen abzuschreiten. Auch wenn es sich anhörte, als würden die lauten Stimmen hinter dem Zaun nach ihm rufen. Er blieb standhaft. Es war seine detektivische Pflicht, das lila Rad zu finden.

Um es kurz zu machen: Das Fahrrad war nicht da. Was natürlich keineswegs bedeutete, dass Oskar nicht ins Schwimmbad durfte. Nein, bestimmt hatte die junge Frau einen Freund. Und der hatte wiederum ein Auto. Deshalb hatte sie ihr Rad daheim gelassen. Oskar beschloss, sich als Nächstes die Badegäste näher anzuschauen. Im Wasser. Keine Frage, dass er dabei ein paar Runden schwimmen musste. Wie sollte er sich sonst eine Übersicht verschaffen?

Zuerst sah er Fabio. Der hockte im Schneidersitz auf seiner karierten Decke und aß ein Eis. Bei Oskars Anblick hob er erfreut die Hand. „Hey, schön, dass du gekommen bist. Bei dem Wetter kann man doch nur im Wasser überleben, oder?"

Oskar war versucht zu nicken und seine guten Vorsätze zu vergessen. Dann fiel ihm aber Frau Heinicke ein. Wie sie ihn heute Vormittag wieder beschimpft hatte. Nein, er musste den Hundedieb finden.

„Ich bin dienstlich hier", erklärte er kühl. „Ich suche jemand Bestimmten. Eine junge blonde Frau mit einem lila Fahrrad. Sie hat verdächtige Äußerungen gemacht. Dass Frau Heinicke eine Tierquälerin sei und man ihr deshalb den Hund wegnehmen müsse."

„Echt?" Fabio fielen fast die Augen aus dem Kopf.

„Echt. Inzwischen hat Frau Heinicke übrigens einen anonymen Brief erhalten. Darin steht, dass sie Rosinchen nie wiedersehen wird. Weil sie sie nicht ordentlich behandelt hat. Na, klingelt es bei dir?"

Und wie. In Fabios Kopf dröhnten riesige Kirchenglocken. „Ich … ich werd nicht wieder", stammelte er.

„Und jetzt denkst du, dass die … Blonde den Hund hat, was?“

„Ja, da bin ich mir sogar ziemlich sicher. Das Problem ist nur, dass ich weder ihren Namen noch ihre Adresse kenne. Ich weiß bloß, dass sie manchmal bei Bäcker Steenblock einkauft. Da hat sie auch Rosinchen gesehen …“ Oskar zog seine kurze Hose und sein T-Shirt aus. „Ich geh jetzt ins Wasser. Mal sehen, ob ich die Verbrecherin dort treffe.“

„Ich komm mit, ich helfe dir!“ Fabio stopfte den Rest Eis auf einmal in den Mund. Weil es ein bisschen viel war, konnte er vorläufig nicht sprechen.

„Meinetwegen.“ Oskar hatte keine Lust, den Freund darauf hinzuweisen, dass er die junge Frau doch gar nicht gesehen hatte. Und folglich auch nicht erkennen konnte.

Schwimmen war genau das Richtige bei diesen Temperaturen. Oskar fühlte sich pudelwohl im kühlen Wasser. Er ärgerte sich nicht einmal darüber, dass er seine Hauptverdächtige nirgends entdecken konnte.

Um kurz vor sechs musste er los. Auf keinen Fall wollte er zu spät zum Grillen kommen.

Zum Abschied machte Fabio ihm dann noch eine große Freude.

„Du, wenn du morgen weitersuchst, helfe ich dir. Wir werden die gemeine Hundediebin schon ausfindig machen."

Super. Damit war der Sonntag auch gerettet.

17. Kapitel
Eine endlose Suche ohne jeden Erfolg

Kaum zu glauben, wie still es am Sonntagmorgen in den Straßen war. Niemand schien unterwegs zu sein, nur Oskar und Fabio auf ihren Rädern.

„Das hat keinen Zweck“, maulte Fabio. „Wenn sie nicht draußen ist, werden wir sie niemals finden. Wir können schließlich nicht an jeder Haustür klingeln.“

Oskar machte eine Vollbremsung. So plötzlich, dass sein Freund ihm beinahe hinten reingefahren wäre.

„Hey, spinnst du vielleicht?“, schimpfte Fabio.

„Nöö. Aber warum eigentlich nicht? Ich meine, warum können wir nicht an jeder Haustür klingeln?“

Fabio sah seinen Freund mitleidig an. Er hatte wohl zu viel Sonne abbekommen. Kein Wunder bei dem Wetter. „Nun, lieber Oskar“, sagte er freundlich, „die Leute werden sich wundern. Sie werden sich sogar gestört fühlen. Wenn wir Pech haben, hetzen sie große

Hunde auf uns. Scharfgemachte Kampfhunde. Oder sie rufen die Polizei."

„Übertreib nicht immer so. Aber es stimmt. Wir brauchen irgendeinen Grund. Hmm. Weshalb klingeln fremde Leute an der Tür? Überleg mal."

„Sie wollen den Hausbewohnern teure Zeitschriften andrehen", schlug Fabio vor.

Das stimmte natürlich. Allerdings machten so etwas nur Erwachsene.

„Wir könnten Geld sammeln. Fürs Rote Kreuz. Oder für arme Kinder", lautete Fabios nächster Vorschlag.

„Da braucht man eine Sammelbüchse", fiel Oskar ein.

„Ach, wir nehmen einfach eine leere Zigarrenkiste. Ist doch egal. Ich frag meinen Vater, der raucht manchmal Zigarren."

Nachdenklich polierte Oskar den Deckel seiner Fahrradklingel. Irgendwas stimmte nicht an Fabios Plan. Aber was? Plötzlich wusste er es: „Das Geld. Was machen wir mit dem Geld, das wir bekommen?"

Wenn es ums Geldausgeben ging, hatte Fabio keine Probleme. „Wieso? Wir kaufen uns Eis. Oder wir gehen Pizza essen."

„Das wäre ja Betrug. Schließlich stiften die Leute das Geld für einen guten Zweck", warf Oskar ein.

Sein Freund runzelte die Stirn. „Wenn du mich fragst, ist Eisessen ein sehr guter Zweck. Außerdem wissen die Leute das ja nicht."

Doch Oskar blieb hart. Er war ein Detektiv und kein Betrüger. Fabios zweifelhafte Pläne ließen sich nicht mit seiner Berufsehre vereinbaren.

„Dann eben nicht", lenkte sein Freund schließlich ein. „Mach einen besseren Vorschlag."

„Wir sagen, dass wir eine Meinungsumfrage machen. Für die Schule."

„Ist das etwa kein Betrug?"

„Doch. Aber nur ein klitzekleiner. Alle Detektive müssen solche Geschichten erfinden. Das lässt sich nicht vermeiden, wenn man die Leute unauffällig ausfragen will. Geld darf man sich dabei natürlich nicht erschleichen."

Fabio war immer noch ein wenig beleidigt. Man sah es daran, wie er die Lippen aufeinanderpresste. An seinem patzigen Ton konnte man es ebenfalls hören. „Und – was wollen wir fragen? Etwa wie spät es ist? Oder ob sie einen weißen Zwergpudel geklaut haben?"

„Blödsinn! Wir fragen … wir fragen einfach … also, ähem … Ach, am besten kommst du mit zu mir. Wir fragen einfach meine Mutter."

„Habt ihr wenigstens was Anständiges zu essen im Haus?"

Während Katharina Nusspickel ein paar Spiegeleier für die hungrigen Jungen briet, dachte sie angestrengt nach. „Fragt doch, ob die Leute für die Einrichtung einer

Ganztagsschule sind", schlug sie endlich vor. „Ihr macht euch eine Liste mit *Ja*, *Nein* und *Keine Meinung*. Und wenn die Leute wissen wollen, wer euch schickt, sagt ihr einfach: eine private Elterninitiative."

„Du willst doch wohl nicht ernsthaft, dass wir von morgens bis abends in der blöden Schule hocken müssen, was?", fragte Oskar misstrauisch.

Seine Mutter lachte. „Wer weiß."

Mann, das war mal wieder eine von diesen ekligen Erwachsenenantworten, die nichts anderes hieß als: Das geht dich nichts an.

Na ja, schlecht war der Vorschlag nicht. Und Oskar hatte sowieso keinen besseren, also holte er zwei Blöcke und zwei Kugelschreiber aus seinem Zimmer.

Fabio sah ihn unglücklich an. „Wenn ich es mir so recht überlege, ist das ganz schön viel Arbeit. An jeder Haustür klingeln. Das kann ewig dauern. Und woran soll ich die Frau erkennen? Ich hab sie doch noch nie gesehen."

„Aber Rosinchen kennst du doch. Hunde bellen, wenn es klingelt. Und sie laufen zur Haustür. Weißt du das nicht?"

Fabio tippte sich gegen die Stirn. „Du glaubst also, dass die Frau mit dem geklauten Hund zur Tür geht?"

Zugegeben, besonders wahrscheinlich war das nicht. „Dann achtest du eben auf die blonden Haare", schlug Oskar vor.

„Na, du bist gut. Blonde Haare! Was denkst du wohl, wie viele Frauen blonde Haare haben?“

„Außerdem ist sie jung. So … na, was weiß ich, zwanzig oder dreiundzwanzig Jahre alt … und dünn. Und die Frau trägt manchmal abgeschnittene Jeans. Falls sie die auch am Sonntag anzieht. Und vergiss nicht das lila Fahrrad.“

Fabio schüttelte ärgerlich den Kopf. „Meinst du im Ernst, dass sie mit ihrem Rad zur Tür fährt, wenn es klingelt?“

Hm, das war tatsächlich nicht anzunehmen. „Vielleicht finde ich sie ja“, meinte Oskar lahm.

„Und was willst du dann sagen? Her mit dem Hund oder ich schieße?“ Fabio kicherte.

„Nee, von Rosinchen sag ich nichts. Ich will sie ja nicht warnen. Wenn ich sie gefunden habe, werden wir einfach das Haus beobachten. Irgendwann wird sie mit dem Hund Gassi gehen.“

„Und wenn nicht? Wenn sie Rosinchen nur in den Garten lässt? So was gibt es! Der Hund von unseren Nachbarn darf nie auf die Straße. Weil er schon so alt und hässlich ist, dass sie sich für ihn schämen. Er hat fast kein Fell mehr und halb blind ist er auch.“

„Rosinchen ist nicht alt und hässlich. Sie …“

„Aber sie wird gesucht, vergiss das nicht. Überall hängen unsere Plakate. Nur ein Wahnsinniger würde mit dem meistgesuchten Hund der Stadt spazieren gehen.“

„Stimmt."

„Wenn die Frau dich sieht, ist sie vielleicht sogar gewarnt. Immerhin kennt sie dich aus der Bäckerei Steenblock. Vielleicht bringt sie Rosinchen dann woandershin. Und wir finden sie nie wieder."

Daran hatte Oskar überhaupt noch nicht gedacht. Sein Freund Fabio Andreotti war gar nicht mal so dumm. „Du musst eben allein die Türen abklappern. Und ich verstecke mich an der Straße."

Fabio fiel vor Schreck beinahe vom Stuhl. „Ich soll an jeder Tür in dieser Stadt klingeln? Ich allein? Bist du verrückt geworden? Nee, das kannst du nicht von mir verlangen. Tut mir leid, Oskar, da musst du dir jemand anderen suchen. Immerhin haben wir Sommer! Und achtundzwanzig Grad im Schatten! Das muss man ausnutzen!"

Fabio verstummte für eine Weile und starrte vor sich hin. Dann fuhr er sich verzweifelt durch seine dunklen Haare und fügte hinzu: „Wenn ich nur an die Hochhäuser in der Peterstraße denke. Da wohnen bestimmt hunderttausend Leute!"

Mal ganz davon abgesehen, dass in einer Straße keine hunderttausend Leute wohnen konnten, war die Peterstraße ohnehin uninteressant. „Da brauchen wir nicht zu suchen. Die hat den Hund doch nicht in einer Etagenwohnung ohne Garten versteckt." Beruhigend klopfte Oskar seinem Freund auf die Schulter.

„Und wenn doch?“

„Dann ist sie selbst eine Tierquälerin. Nee, wir besuchen zuerst die Einfamilienhäuser mit Gärten. Und wenn es dir zu viel ist, fragen wir noch Jessica und Marina.“

Fabio prustete los. „Die machen da sowieso nicht mit!“

18. Kapitel
Blasen an den Füßen oder Frau Steenblock ist eine Wucht

Irrtum. Und ob Jessica und Marina dabei waren. Am Montag nach dem Mittagessen ging es los. Treffpunkt war der Schulhof. Jeder bekam eine Straße zugewiesen. Und alle Häuser, in denen eine junge blonde Frau mit langen glatten Haaren öffnete, sollten auf einem Extrazettel notiert werden. Familien mit Kindern kamen natürlich nicht infrage, weil die junge Frau ja immer nur zwei Stücke Kuchen gekauft hatte.

Um halb fünf trafen sich die Kinder bei Oskar. „Ganz viele Leute waren überhaupt nicht da", maulte Fabio.

Jessica nickte. „Kein Wunder. Die haben bei dem Wetter was Schönes unternommen. Ist ja nicht jeder so dumm, bei dieser Hitze von Tür zu Tür zu latschen. Das einzige weibliche Wesen mit langen blonden Haaren, das ich gesehen habe, war etwa vier Jahre alt."

„Ich habe ein lila Rad entdeckt. Ein Dreirad." Marina wollte sich ausschütten vor Lachen. „Ist die Gesuchte zufällig mit einem Dreirad durch die Gegend gefahren? Etwa so groß?" Sie hielt ihre Hand auf die Höhe ihres Knies.

Drei lachten. Einer nicht. Und wer war das wohl? Genau: Oskar. Der fand, dass die drei ihre Aufgabe nicht ernst genug nahmen. „Morgen geht es weiter", knurrte er. „Ich hoffe, ihr habt die Häuser notiert, wo euch niemand geöffnet hat. Da müsst ihr es morgen wieder versuchen."

Abwehrend hob Jessica beide Hände. „Vielen Dank. Ich mache nicht weiter. Mir ist das zu doof. So finden wir die Frau nie im Leben. Was, wenn ihr Freund die Tür aufmacht? Dann merken wir noch nicht mal, dass wir im richtigen Haus sind, und suchen weiter. Nee, wenn ich darüber nachdenke, ist der Plan total blödsinnig."

Jedem war klar, dass Marina sich ihrer Meinung anschließen würde. Und so geschah es: „Genau. Ich höre auch auf. Meine Füße brennen wie Feuer. Ich glaube, ich hab mir eine Blase gelaufen."

„Warum hast du auch deine nagelneuen Schuhe angezogen?", wollte Jessica wissen.

„Ich wollte sie einlaufen."

„Du hättest wenigstens Socken anziehen müssen. Barfuß in neuen Schuhen kriegt man ganz leicht Blasen.

Komm, ich helfe dir." Jessica hakte ihre humpelnde Freundin unter. Dann machten die beiden sich auf den Heimweg. „Bis morgen. Und lasst euch was Besseres einfallen!"

Na, die hatten gut reden.

„Ich geh auch mal los." Fabio reichte Oskar seinen Block. „Hier. Die Mädchen haben recht. Das mit der Befragung ist Quatsch. So finden wir die Hundediebin nie im Leben."

Schade, dass Oskar nichts einfiel, was er dagegenhalten konnte. „Ich hol mir noch einen Schokokuss. Vielleicht weiß Frau Steenblock was Neues."

Auf der Stelle machte Fabio eine Kehrtwendung. Wie ein Schlittschuhläufer, der eine Pirouette drehen möchte. „Ach, da komm ich mit. Einen Schokokuss könnte ich jetzt auch vertragen." Unterwegs knurrte sein Magen. Ganz laut.

„Hast du schon wieder Hunger?", fragte Oskar erstaunt. Der Freund hatte doch eben erst eine Minisalami verdrückt.

Fabio überlegte kurz, dann schüttelte er entschieden den Kopf. „Nöö, Hunger nicht. Ich glaube, mein Magen hat nur Langeweile."

Im Laden war es ausnahmsweise leer. Frau Steenblock grinste, als Oskar durch die Tür kam. „Guten Tag, der Herr. Ich hab eine Neuigkeit, die dich bestimmt interessiert."

Leider kam in diesem Moment eine Frau herein. Da die Neuigkeit offenbar geheim war, bediente Frau Steenblock erst einmal diese Kundin. Und die kaufte ein, als wolle sie eine ganze Schulklasse verpflegen: vier Stücke Sahnetorte, einen Streifen Butterkuchen, dann noch einen kompletten Mohnstriezel und eine Tüte Berliner. Gerade als sie bezahlen wollte, fiel ihr ein, dass sie auch noch ein halbes Weißbrot brauchte. Mit Rosinen. Geschnitten.

„Ist das denn wirklich frisch?“, fragte sie misstrauisch. „Ja? Ach, dann geben Sie mir doch gleich das ganze Brot.“

Meine Güte, hätte Oskar am liebsten gesagt, wollen Sie den Laden komplett leer kaufen? Aber er wusste ja, was sich gehörte.

Als die Frau mit ihren vielen Tüten und Kuchenpaketen endlich raus war, begann Frau Steenblock zu reden: „Die junge Frau war heute Morgen wieder hier. Du weißt schon, die Blonde. Sie wollte Apfelkuchen.“

„Zwei Stücke, wie immer?“, fragte Oskar atemlos.

Die Bäckerin nickte. „Genau. Der Kuchen war aber noch in der Backstube. Und da hab ich einfach gesagt, er wäre noch nicht fertig. Aber ich könnte ihr zwei Stücke zurückstellen. Und dann hab ich ganz unschuldig gefragt: Auf welchen Namen?“

Diese Frau Steenblock war eine Wucht! Und wenn sie nicht schon so alt und außerdem verheiratet gewesen wäre, hätte Oskar sie jetzt abgeküsst. Ach ja, Fabio hätte natürlich auch nicht dabei sein dürfen. So konnte er nur fragen: „Und? Wie heißt sie nun?"

„Katja Aumann. Sie wohnt in der Feldstraße 7. Ich hab gleich im Telefonbuch nachgesehen."

„Frau Steenblock", sagte Oskar feierlich, „wenn Sie mal keine Lust mehr auf Brötchen, Gebäck und Torten haben, machen wir beide ein Detektivbüro auf."

„Einverstanden, junger Mann. Aber erst machst du die Schule zu Ende. Ich verkaufe hier solange noch meinen Kuchen weiter."

Die Schokoküsse schenkte sie ihnen übrigens. Zur Feier des Tages.

„Der Fall ist so gut wie gelöst. Feldstraße 7. Worauf warten wir noch?“ Oskar stopfte den ganzen Schokokuss auf einmal in den Mund.

Zu seiner großen Enttäuschung schüttelte Fabio den Kopf. „Hast du mal auf die Uhr geschaut? Ich muss in zehn Minuten zu Hause sein. Das schaffen wir nie im Leben. Lass uns morgen hingehen.“

„Und wie soll ich das aushalten?“, jammerte Oskar. „Ich wette, ich kriege heute Nacht kein Auge zu! Ich bin doch so schrecklich neugierig!“

„Meinst du, ich nicht? Aber wenn ich zu spät komme, wird es bei uns ungemütlich“, seufzte Fabio.

Also warten. Den Abend, die Nacht und fast den ganzen nächsten Tag. Was für eine schreckliche Vorstellung.

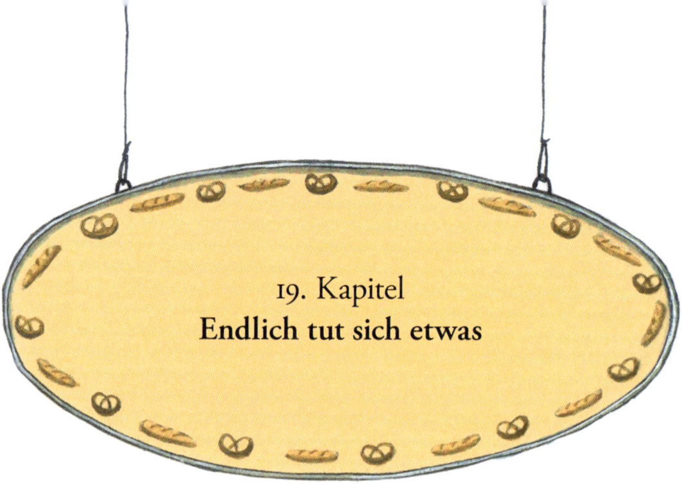

19. Kapitel
Endlich tut sich etwas

In der Schule humpelte Marina, als hätte sie sich gestern Nachmittag das Bein gebrochen. Ihre Freundin Jessica tat sich als Krankenschwester wichtig. Überall, wo Marina sich hinsetzte, schleppte sie sofort einen zweiten Stuhl für den kranken Fuß herbei. Und sie besprach mit der Lehrerin, dass Marina keinesfalls in der Pause auf den Schulhof konnte. Wegen der Schmerzen.

In Anbetracht dessen, dass die beiden sicher tagelang mit der Pflege von Marinas Blasen beschäftigt sein würden, beschloss Oskar großzügig, ihnen die große Neuigkeit zu verraten. „Falls es euch überhaupt noch interessiert: Ich habe zwischenzeitlich ermittelt, wie die Hauptverdächtige heißt."

„Und wo sie wohnt", fügte Fabio stolz hinzu. Von Frau Steenblock und ihrem Apfelkuchentrick sagten die beiden kein Wort.

„Echt?"

Oskar nickte. „Katja Aumann. Und sie wohnt in der Feldstraße 7."

Jessica war so überwältigt, dass sie sich auf den Stuhl plumpsen ließ, den sie eigentlich für Marinas Fuß hergeholt hatte. „Und jetzt? Hast du schon die Polizei benachrichtigt?"

„Das wäre ja wohl ein bisschen verfrüht. Ich weiß doch noch nicht einmal, ob sie den Hund wirklich hat. Nee, wir werden das Haus zunächst einmal beobachten. Fabio und ich. Ihr seid ja vorläufig verhindert. So eine Blase braucht wochenlang, bis sie abheilt."

„Woher willst du das denn wissen?", fuhr Jessica ihn an. „Im Übrigen hast du wohl vergessen, dass Marina die Blase hat. Ich bin kerngesund. Und wenn die Hundediebin verhaftet wird, will ich unbedingt dabei sein. Vielleicht kommt die Presse und macht Fotos. Nur gut, dass ich gerade beim Friseur war."

„Oder das Fernsehen", warf Marina ein. „Immerhin ist Rosinchen ein sehr wertvoller Hund!" Und dann stand sie auf und lief ein paar Schritte. „Mein Fuß tut schon gar nicht mehr so weh. Ich kann mir ja andere Schuhe anziehen. Meine Sandalen zum Beispiel."

Jetzt bereute Oskar, dass er den beiden davon erzählt hatte. „Vielleicht ist die Frau bewaffnet", sagte er langsam. „Ich glaube wirklich, das ist zu gefährlich für euch. Wir rufen euch an, wenn die Aktion beendet ist."

Marina stemmte empört die Arme in die Seiten. Und sie stampfte mit dem rechten Fuß auf. War das nicht der mit der Blase? „Noch nie was von Gleichberechtigung gehört? Zum Bildermalen und Plakatekleben waren wir dir gut genug. Aber wenn es spannend wird, willst du uns abwimmeln. Das kannst du vergessen, Oskar Nusspickel! Wir sind dabei, notfalls nehmen wir die Sache sogar selbst in die Hand. Katja Aumann, Feldstraße 7, ich hab es mir gemerkt.“

„Okay“, seufzte Oskar. „Wir treffen uns um halb drei unter dem Straßenschild. Dann werde ich die Aufgaben verteilen. Wer nicht auf die Minute pünktlich ist, fliegt raus!“ Denn eins sollten die beiden Mädchen nicht vergessen: Der Chef hieß nach wie vor Oskar Nusspickel.

Für den Rest des Vormittags quälte ihn die Frage, wie es ihnen gelingen könnte, einen Blick ins Haus zu werfen. Das mit der Umfrage war jedenfalls nicht so gut. Niemand war bisher auf die Idee gekommen, die Kinder hereinzubitten. Katja Aumann würde es auch nicht tun. Und die Wahrscheinlichkeit, dass sie mit Rosinchen an die Tür kam, war natürlich sehr gering.

Immerhin hatte sie den Hund geklaut. Oder doch nicht? Aber gerade das wollten sie ja herausfinden.

Oskar überlegte. Er überlegte und überlegte. Und überlegte. Es hätte ihn gar nicht gewundert, wenn sein Kopf vor lauter Überlegen geplatzt wäre. Dann wusste er plötzlich, was zu tun war …

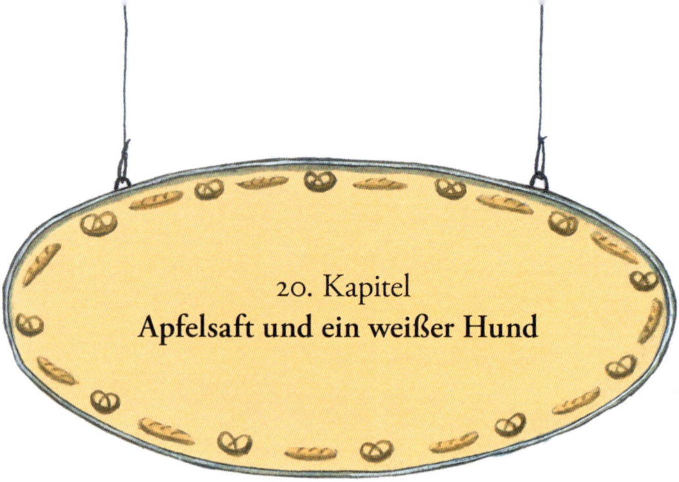

20. Kapitel
Apfelsaft und ein weißer Hund

Jessica hatte ihre Freundin Marina untergehakt. Die humpelte noch viel schlimmer als am Morgen in der Schule. Mit vereinten Kräften schleppten sie sich zum Haus mit der Nummer 7. Jessica drückte auf den Klingelknopf.

Drinnen hörte man Schritte. Dann öffnete eine junge Frau die Tür. Ihr blondes Haar war lang und glatt. Sie trug eine abgeschnittene Jeans und ein weißes T-Shirt. Nett sah sie aus, fand Jessica, überhaupt nicht wie eine gemeine Hundediebin.

„Entschuldigung, dass wir Sie stören. Aber meine Freundin hat sich eine fürchterliche Blase gelaufen. Und wir schaffen es nicht mehr bis nach Hause. Hätten Sie vielleicht ein Telefon, damit wir Marinas Bruder anrufen können? Der holt sie bestimmt mit dem Fahrrad ab.“

„Da vorn ist eine Telefonzelle." Augenblicklich nahm Jessica das mit dem Nettsein zurück. Die Frau konnte doch sehr gut eine Hundediebin sein.

„Wir haben leider kein Geld dabei", flüsterte Marina. Und wer sie nicht kannte, musste annehmen, dass sie den Tränen nahe war.

Die junge Frau schien es jedenfalls zu glauben, denn sie sagte: „Na gut, dann kommt eben rein."

Leider stand das Telefon im Flur – und alle Zimmertüren waren geschlossen. So ein Pech. Jessica wählte irgendeine Nummer und sagte brav ihr Verslein von Marinas Blase auf. Die Frau am anderen Ende war ziemlich verwirrt. Kein Wunder. „Sie sind falsch verbunden", sagte sie immerzu. „Hier gibt es keinen Fabio." Aber Jessica plapperte munter weiter: „Ja, genau. In der Feldstraße. Bis gleich." Dann legte sie auf. „Er ist in zehn Minuten hier."

Die beiden Mädchen wechselten ratlose Blicke. Was sollten sie jetzt noch sagen? Es blieb ihnen wohl nichts anderes übrig, als wieder auf die Straße zu hinken.

„Vielen Dank, das war sehr nett von Ihnen", sagte Jessica höflich. „Komm." Sie griff etwas umständlich nach Marinas Arm und murmelte enttäuscht: „Auf Wiedersehen."

Die junge Frau zögerte einen Moment, dann sagte sie plötzlich: „Wartet. Wollt ihr vielleicht etwas Kaltes trinken?"

„Oh, das wäre aber sehr freundlich."

Frau Aumann führte die Mädchen in ein großes Zimmer. Man konnte von hier aus wunderbar in ihren Garten schauen. Ein junger Mann saß dort auf einem Stuhl und las. Zu seinen Füßen lag etwas Weißes. Jessica wollte aufstehen und zum Fenster gehen, um das Weiße besser erkennen zu können. Aber da kam die Frau mit zwei Gläsern Apfelsaft zurück.

„Hier. Ihr seht ganz verschwitzt aus."

Kein Wunder, dachte Jessica, das ist die Aufregung. Aber sie lächelte nur und bedankte sich noch einmal. Das Weiße unter dem Stuhl bewegte sich überhaupt nicht. Vielleicht war es ja auch bloß ein zusammengeknüllter Pullover.

Die Frau stellte ein paar Fragen. Wie alt sie seien, welche Schule sie besuchten. Und dann wollte sie wissen, wie das mit der Blase passiert war.

„Ich wollte meine neuen Schuhe einlaufen", sagte Marina kläglich. „Nächste Woche machen wir nämlich einen Ausflug in den Zoo. Und da wollte ich sie unbedingt anziehen."

Katja Aumann lachte. „Ja, so was ist mir auch schon mal passiert. Im Urlaub. Tut ganz schön weh, was?"

Marina nickte.

Inzwischen hatten sie ihren Apfelsaft ausgetrunken. Da die Frau auch keine Fragen mehr stellte, mussten sie jetzt wohl gehen.

„Ja dann …“ Jessica stand auf. In genau diesem Moment bewegte sich das Weiße unter dem Gartenstuhl. Es entpuppte sich als Hund. Klein war er, weiß, sogar ein Pudel, aber er trug weder Halsband noch Schleife. Übermütig rannte er um den Stuhl herum. Bis der Mann endlich aufhörte zu lesen und einen Ball warf, den der Hund ihm schwanzwedelnd zurückbrachte.

„Ach, ist der süß. Ist das Ihrer?“, entfuhr es Jessica.

Augenblicklich verschwand das Lächeln aus dem Gesicht der jungen Frau. „Ich glaube, ihr müsst jetzt los. Wenn dein Bruder dich draußen nicht findet, fährt er sicher wieder weg. Ich bring euch noch zur Tür.“

Fabio wartete mit seinem Rad unter dem Straßenschild. Oskar stand ein paar Meter weiter. So, dass diese Katja Aumann ihn nicht sehen konnte.

„Die ist es.“ Marina war sich ganz sicher. „Den Hund haben wir auch gesehen. Natürlich hat sie die

Schleife und das Halsband verschwinden lassen. Ist ja wohl klar."

„Ihr habt Rosinchen gesehen, echt?", freute sich Oskar.

„Na ja, nur von Weitem", musste Jessica zugeben. „Wir saßen in der Stube und draußen im Garten tobte ein kleiner weißer Pudel herum."

Ehrlich gesagt klang das ja nicht gerade nach Rosinchen. Auf dem Rasen toben.

„Hoffentlich ist das nicht ihr eigener Hund. Dann stehen wir nämlich ziemlich blöde da." Oskar spielte gedankenverloren mit den Griffen von Fabios Lenker. Immer wieder drehte er daran. Einer war schon ganz locker.

Aber dann wurde es Fabio zu viel. Schützend legte er seine Hände darüber. „Hör auf, du machst mein Rad kaputt. Sei nicht so nervös!"

In diesem Augenblick kam Oskar wieder eine von seinen Superideen. „Wartet auf mich." Schon rannte er zum Haus mit der Nummer 5, um dort Sturm zu klingeln.

Ein empörter Mann öffnete. „Was soll das? Brennt es oder was ist los?"

Vorsichtshalber ging Oskar zwei Schritte zurück. „Entschuldigung … Ich dachte, Ihre Klingel funktioniert nicht. Haben Sie vielleicht einen kleinen weißen Pudel?"

Der Mann schüttelte den Kopf.

„Vorletzte Woche ist meine Mutter nämlich hier spazieren gegangen. Bei Regen. Und da kam so ein kleines Biest angerannt und hat sie angesprungen. Sie ist natürlich einfach weitergelaufen. Meine Mutter fürchtet sich doch nicht vor so einem kleinen Kläffer. Aber heute hat sie entdeckt, dass auf ihrem Mantel ein riesiger Fleck ist. Jetzt muss ich überall fragen, wem der Hund gehört. Wegen der Reinigungskosten. Ist es vielleicht Ihrer?" Treuherzig schaute er den Mann an.

„Was soll ich wohl mit einem Hund? Ich arbeite den ganzen Tag. Aber die im Haus nebenan, die haben so einen. Was hast du gesagt, wann ist das gewesen? Vorletzte Woche? Nee, die haben ihren Hund erst seit ein paar Tagen. Soviel ich weiß, hat hier niemand sonst einen weißen Pudel." Er schloss die Tür, ohne auf Wiedersehen zu sagen.

„So, Leute, und jetzt geht es direkt zu Frau Heinicke. Die soll mich noch einmal Dieb nennen!"

21. Kapitel
Wo hat Rosinchen es am besten?

Rosalinde Heinicke öffnete schon beim ersten Klingeln. Als sie Oskar entdeckte, wurde sie ganz weiß im Gesicht. „Du also. Ich hab es ja gewusst. Bist du vielleicht gekommen, um mir die Höhe des Lösegeldes mitzuteilen? Bitte, sag es ruhig, ich muss ja zahlen. Wer weiß, was ihr sonst mit meinem Rosinchen anstellt." Sie fummelte ein Taschentuch aus ihrem Ärmel hervor und wischte sich damit über die Augen.

„Wie oft soll ich noch sagen, dass ich den Hund nicht habe?", fragte Oskar beleidigt.

„Aber du weißt, wo er ist. Und du willst das Lösegeld kassieren."

„Das stimmt – allerdings nur zur Hälfte. Lösegeld will ich nicht. Niemand will Lösegeld. Glaub ich jedenfalls. Aber ich habe rausgefunden, wer Rosinchen geklaut hat. Und ich weiß auch, wo sie sich jetzt befindet. Und wenn Sie ein wenig netter wären, würde ich es Ihnen sogar verraten."

„Ein wenig netter reicht nicht!", rief Fabio im Hintergrund. „Ich finde, sie muss 'ne ganze Ecke netter werden. Immerhin hat sie dich Dieb genannt."

Rosalinde Heinicke schluckte. Sie steckte ihr Taschentuch wieder ein. „Also, Oskar, sollte ich mich in dir geirrt haben, tut es mir leid. Ja, vielleicht war ich ein wenig vorschnell mit meinen Anschuldigungen. Aber ich war doch so durcheinander. Das musst du verstehen. Mein Rosinchen, nun ja …" Sie holte das Taschentuch wieder hervor. „Mein Rosinchen ist wirklich das Einzige, was ich noch habe. Du weißt doch selbst, wie niedlich sie ist."

Ja, das wusste Oskar tatsächlich. Und alte Frauen, die weinten, machten ihn ganz verlegen. „Wollen wir losgehen?", fragte er schnell.

Frau Heinicke nickte. Sie griff nach dem Regenschirm, der an der Garderobe hing. „Ich bin fertig, mein Junge."

Es war schon ein äußerst merkwürdiger Zug, der sich da durch die Feldstraße zum Haus mit der Nummer 7 bewegte. Die Spitze bildete eine alte Frau in einem rosa Kleid, die humpelte, weil sie ein Gipsbein hatte. Dann folgten vier Kinder: zwei Jungen und zwei Mädchen, von denen eins ebenfalls humpelte. Entsprechend langsam kamen sie auch voran.

Beim Anblick des Hauses holte Frau Heinicke ganz tief Luft. „Auf zum Angriff!“ Sie drückte auf den Klingelknopf – ungefähr eine halbe Minute lang.

Diesmal öffnete nicht Katja Aumann, sondern der junge Mann, der vorhin im Garten gesessen hatte.

Ehe er ein Wort herausbringen konnte, setzte Rosalinde Heinicke ihm die Spitze ihres Regenschirms auf die Brust. „Wo ist mein Rosinchen? Her damit!“

Der Mann fiel kraftlos gegen den Türrahmen. „Katja, komm mal. Ich hab ja gleich gewusst, dass du damit nicht durchkommst.“

Seine Freundin war da bedeutend selbstbewusster. Sie stellte sich breitbeinig in die Tür und erklärte: „Sie kriegen die Hündin nicht wieder. Hier bei uns fühlt sie sich nämlich pudelwohl. Endlich einmal darf sie alles, was normale Hunde dürfen: toben und sich dreckig machen. Sie würden sie nicht wiedererkennen.“

„Das ist ja unerhört! Toben und sich dreckig machen! Mein Rosinchen bewegt sich nicht gern. Und Schmutz erträgt sie schon gar nicht. Am liebsten döst sie auf ihrem Sessel. Und nachts schläft sie in meinem Bett!“

„Genau so hab ich mir das vorgestellt. Sie haben das arme Tier mit Schokolade vollgestopft, bis es kaum noch laufen konnte. Jemand wie Sie dürfte gar keinen Hund haben. Schämen sollten Sie sich!“

„Ich soll mich schämen? Schämen Sie sich erst mal, Sie … Sie gemeine Hundediebin! Von Ihnen lasse ich mir gar nichts sagen!“ Jetzt richtete Rosalinde Heinicke ihren Schirm auf die junge Frau.

Oskar fand, dass die Erwachsenen sich auch ohne seine Hilfe weiter streiten konnten. Er schlich sich seitlich um das Haus herum. Ein niedriger Zaun sollte offenbar verhindern, dass Rosinchen nach vorn zur Straße lief. Aber Oskar war ja kein Zwergpudel. Er schaffte es mühelos, den Zaun zu überklettern.

Rosinchen hatte in der Sonne gedöst. Doch als sie ihren Namen hörte, kam sie sofort angerannt. Und wie sie sich freute, Oskar zu sehen! Sie hüpfte wie ein Gummiball um ihn herum. So einen munteren Eindruck hatte sie bei Frau Heinicke wirklich nicht gemacht. Das musste Oskar zugeben. Trotzdem gehörte Rosinchen Frau Heinicke. Und wenn die junge Frau unbedingt einen Hund haben wollte, sollte sie sich selbst einen kaufen.

Die zappelnde Hündin auf dem Arm, überkletterte Oskar den Zaun jetzt in die andere Richtung. Dabei versuchte Rosinchen die ganze Zeit, ihm das Gesicht abzulecken. Ja, sie mochte ihn scheinbar wirklich. Vielleicht sollte er klammheimlich mit dem Zwergpudel verschwinden. Seit Jahren wünschte er sich schon einen eigenen Hund. Die beiden Frauen würden sich ja doch nicht einig werden.

Als die kleine Hündin die lauten Stimmen vor dem Haus hörte, die sie allesamt gut kannte, strampelte sie sich frei. Aufgeregt lief sie von einem zum anderen. Vor lauter Freude wusste sie gar nicht, wen sie zuerst anspringen sollte.

Frau Heinicke schluchzte bei ihrem Anblick vor Freude auf. „Rosinchen, mein kleiner Schatz. Meine Güte, wie dünn du bist. Die haben dich ja hungern lassen."

„Sie ist nicht dünn", verteidigte sich die junge Frau. „Sie ist gerade richtig. Bei Ihnen hat sie viel zu viel gefressen. Die konnte sich vor lauter Fett ja kaum noch bewegen."

„Na, hören Sie mal, was erlauben Sie sich?"

Jetzt meldete sich der junge Mann zu Wort: „Aber deshalb hat meine Verlobte den Hund doch befreit. Weil Sie ihn so furchtbar behandelt haben. Das Tier tat ihr einfach leid. Sie konnte es nicht länger mitansehen. Ein Regenmantel für Hunde! Wozu, glauben Sie, hat ein Pudel sein dichtes Fell? Und dann die ganze Schokolade. Mal ganz davon abgesehen, dass sie dick macht, kann sie Rosinchen tatsächlich vergiften, verstehen Sie? Außerdem braucht der Hund Bewegung. Er muss sich austoben. Sie haben überhaupt keine Ahnung von Hunden!"

Das ließ sich eine Rosalinde Heinicke natürlich nicht gefallen. „Halten Sie Ihren Mund. Diese Geschichte wird noch ein Nachspiel für Sie beide haben." Dann wurde ihre Stimme ganz weich. „Nun komm, mein Rosinchen. Zu Hause wird Mutti dich gleich baden. Damit du wieder ein hübscher Hund bist. Und dann holen wir ganz viele Schokoküsse vom Bäcker. Und ein neues Mäntelchen kriegst du auch. Ein ganz feines, kariertes. Komm, Rosinchen."

Der kleine Pudel legte den Kopf schief. Nachdenklich schaute er von einem zum anderen. Dann stand er auf und trottete langsam zu dem jungen Mann. Der zog grinsend einen Gummiball aus seiner Hosentasche, den er in den Vorgarten warf. Das Tier sprang kläffend hinterher.

Rosalinde Heinicke wurde ganz blass. „Rosinchen", flehte sie mit weinerlicher Stimme, „komm doch zu Mutti."

Doch wie es aussah, wollte der Hund weder gebadet werden noch karierte Regenmäntel tragen. Er wollte lieber mit dem Ball spielen. Und Löcher in Blumenbeete buddeln.

„Rosinchen, du wirst ja ganz schmutzig", jammerte Frau Heinicke. „Dein schönes weißes Fell! Komm doch, wir gehen heim. Wenn du willst, wird Mutti dich auch tragen!"

Nein. Rosinchen wollte nicht getragen werden. Sie begann kläglich zu winseln. Und dann setzte sie sich wieder neben den jungen Mann und schaute ihn erwartungsvoll an.

Das war zu viel für Rosalinde Heinicke. „Rosinchen", schluchzte sie, „du bist mein Hund. Hast du das vergessen? Du willst doch wohl nicht bei diesen fremden Leuten bleiben? Dann bin ich ja ganz allein …"

Komisch, aber auf einmal tat sie Oskar richtig leid. Und nicht nur ihm.

Katja Aumann räusperte sich. „Nun beruhigen Sie sich. Wir wissen ja selbst, dass wir den Hund nicht behalten dürfen. Leider. Aber Sie müssen doch zugeben, dass Rosinchen jetzt einen sehr viel glücklicheren und gesünderen Eindruck als vorher macht."

Als müssten ihre Worte bestätigt werden, raste der Hund wie wild über den Rasen. Hin und her und her und hin. Er kam überhaupt nicht aus der Puste.

Frau Heinicke wischte ein paar Tränen fort. „Na, vielleicht haben Sie ja ein bisschen recht. Ein ganz kleines bisschen. Wenn mein Rosinchen so gern spielt, werde ich sie eben ab und zu ohne Leine im Park laufen lassen. Und Schokolade bekommt sie auch nicht mehr so oft."

„Gar keine Schokolade mehr. Und keinen Regenmantel. Sie hat schließlich ein Fell!", verlangte Katja Aumann.

„Also gut. Keinen Regenmantel", seufzte Frau Heinicke. „Auch wenn sie darin so süß aussieht!"

„Und Sie lassen sie künftig rumtoben, jeden Nachmittag. Das braucht sie. Auch wenn sie dabei schmutzig wird!"

„In Ordnung", versprach Frau Heinicke. „So einen Ball kaufe ich auch. Gleich morgen." Dann fragte sie kleinlaut: „Aber in meinem Bett darf sie schon noch schlafen? Oder ist das ebenfalls schädlich?"

„Meinetwegen."

Jetzt wurde die Angelegenheit wieder ziemlich feucht. Bei Frau Heinicke kullerten Freudentränen, weil sie ihr geliebtes Rosinchen zurückhatte. Katja Aumann schluchzte, weil sie den Zwergpudel wieder hergeben musste, obwohl er ihr so ans Herz gewachsen war. Auch Jessica wischte sich verstohlen ein paar Tränen ab. Bestimmt war sie enttäuscht, weil weder Presse noch Fernsehen erschienen waren.

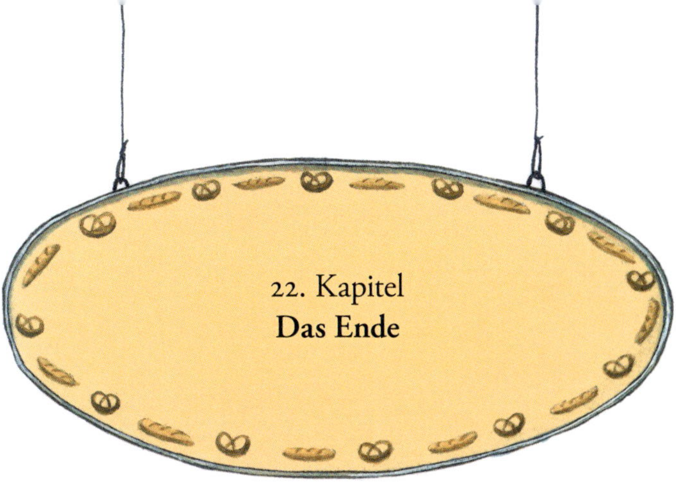

22. Kapitel
Das Ende

Es war September geworden. Die Blätter der Bäume färbten sich bunt. Ohne Jacke konnte man nicht mehr auf die Straße gehen. Als Oskar vom Fußballspielen heimkam, hörte er aus der Wohnstube Stimmen.

„Oskar!“, rief seine Mutter. „Du hast Besuch.“

In der Stube saß Rosalinde Heinicke. Sie trug einen blauen Jogginganzug und Turnschuhe. Bei Oskars Anblick hob sie ihr rechtes Bein hoch. „Da, alles wieder in Ordnung. Der Bruch ist glatt verheilt.“

Natürlich war sie nicht allein gekommen. Rosinchen schoss unter dem Sofa hervor und sprang Oskar begeistert an. Sie trug wieder ihr rosa Lederhalsband mit dem Herzchen, aber keine Schleife auf dem Kopf. Zu Oskars großer Enttäuschung sah sie dicker aus denn je. Doch als er sie streichelte, fühlte er, dass alles nur Fell war.

„Ich lasse sie nicht mehr so oft scheren", erklärte Frau Heinicke. „Damit sie bei kaltem Wetter nicht friert. Ja, Oskar, ich bin nur gekommen, um mich noch einmal in aller Form bei dir zu entschuldigen. Ich habe damals wohl ziemlich viel dummes Zeug geredet. Und mit meinem Rosinchen habe ich auch eine Menge Unsinn angestellt. Da hatten die jungen Leute schon ganz recht. Na ja, die Einsamkeit – da kommt man leicht auf komische Gedanken. Hier, mein Junge." Sie reichte Oskar einen Briefumschlag. „Ich hoffe, du nimmst meine Entschuldigung an. Rosinchen und ich müssen jetzt los. Wir laufen zweimal täglich durch den Stadtpark. Regelmäßige Bewegung ist nämlich nicht nur für Hunde gesund."

Als sie die Leine aus ihrer Jackentasche zog, sprang der Zwergpudel laut bellend zur Tür. Frau Heinicke lächelte. „Ich komme schon. Ich weiß ja, dass du es nicht erwarten kannst." Dann blieb sie doch noch einmal stehen. „Ach, Oskar, wenn ich mal wieder jemanden brauche, der mein Rosinchen ausführt, darf ich dich dann fragen?"

Oskar brachte keinen Ton heraus. Er konnte nur stumm nicken. Irgendwie steckte plötzlich ein dicker Kloß in seinem Hals. Er stand wie versteinert, bis sich die Wohnungstür hinter den beiden schloss. Dann raste er auf den Balkon. Versteckt zwischen den Geranien seiner Mutter, beobachtete er, was unten vor sich ging.

Gerade öffnete Rosalinde Heinicke ihre Handtasche. „Mach schön Männchen", verlangte sie. Und Rosinchen stellte sich brav auf die Hinterbeine. Zur Belohnung bekam sie ein winziges Stück von einem Müsliriegel – ohne Schokolade. Den Rest steckte sich ihr Frauchen in den Mund. Danach marschierten die beiden eilig Richtung Stadtpark davon.

In dem Briefumschlag lag übrigens ein Zwanzigeuroschein. Zusammen mit einem wunderschönen Foto von Rosinchen.

Zuerst wollte Oskar von dem Geld einen Rahmen für das Bild kaufen. Aber dann fiel ihm ein, dass er den Fall ja nicht allein gelöst hatte. Für zwanzig Euro konnten vier Kinder einmal Schokoladeneis mit Sahne essen. Es reichte sogar fast fürs Kino. Er griff zum Telefon.

Leseprobe aus:

Barbara Wendelken, Oskar und die Giftaffäre

Schulausgabe erschienen im Hase und Igel Verlag, München
ISBN 978-3-86316-169-9
Begleitmaterial für Lehrkräfte
ISBN 978-3-86316-170-5

Es war ein wunderschöner Frühsommertag. Direkt neben der Straße flog ein schwarzer Vogel auf. Caruso wollte sofort hinterher. Oskar hielt krampfhaft die Leine fest und stemmte sich mit beiden Beinen in den Boden. „Du bleibst hier!"

„Pssst."

Erstaunt schaute Oskar sich um. Auch Caruso hatte etwas gehört. Er spitzte die Ohren und legte den Kopf schief. Dann rannte er schwanzwedelnd zu einer riesigen Eiche. Oskar blieb gar nichts anderes übrig, als ebenfalls zu der Eiche zu rennen, weil Caruso ihn einfach hinter sich herzog. Da konnte er „Halt!" oder „Steh!" rufen, sooft er wollte, den Hund interessierte das kein bisschen.

Hinter dem Baum stand ein alter Mann. Sein schulterlanges graues Haar wehte im Wind. Er trug Gummistiefel und eine grüne Strickjacke mit Löchern an den Ellenbogen. Wenn Oskar so recht darüber nachdachte, hatte er in seinem ganzen Leben noch keinen alten Mann mit so langen Haaren gesehen.

„Psst. Komm mal her!" Der Alte winkte Oskar heran. „Ich hab dich gestern schon gesehen. Du darfst in dieser Gegend niemals deinen Hund frei laufen lassen. Hier ist alles vergiftet."

„Vergiftet?" Erstaunt schaute Oskar sich um. Konnte es sein, dass der Mann nicht ganz richtig im Kopf war? Oder betrunken? Auf jeden Fall schien er von seiner Aussage sehr überzeugt.

„Ja. Hier ist alles verseucht. Glaub mir. Siehst du die Gärtnerei?"

Oskar nickte. Die riesigen Gewächshäuser und die gelben Folientunnel waren nicht zu übersehen.

„Die spritzen Gift. In den Teichen gibt es keine Fische mehr, keine Kröten, keine Frösche – alle tot. Pass auf, dass dein Hund nicht daraus trinkt."

Hm. Wahrscheinlich war der Alte wirklich verrückt. Wenn hier alles vergiftet wäre, hätte Oskar bestimmt davon gehört. Und die Besitzer der Gärtnerei hätte man längst verhaftet.

Überhaupt, auf einem großen Schild stand zu lesen: *Erdbeeren zum Selbstpflücken*. Das passte ja wohl nicht zu dem, was der Mann da erzählte.

Trotzdem sagte Oskar artig: „In Ordnung, ich werde darauf achten." Leuten, die nicht ganz richtig im Kopf waren, sollte man besser nicht widersprechen. Das hatte er mal in irgendeinem Buch oder Film aufgeschnappt.

Der alte Mann schien erleichtert. „Gut. Versprich mir, dass du deinen Hund hier niemals frei laufen lässt." Er lief ein paar Schritte, dann blieb er stehen. „Siehst du das weiße Haus? Da wohne ich. Du kannst mich ja mal besuchen kommen. Mit dem Hund. Bei mir braucht er keine Leine. Auf meinem Grundstück ist die Umwelt nämlich noch in Ordnung."

„Mal sehen", sagte Oskar höflich. In Wahrheit hatte er bestimmt Besseres zu tun, als einen verdrehten alten Mann zu besuchen. „Ich muss jetzt weiter."

„Denk an den Hund", sagte der Alte zum Abschied. „Das ist doch ein Golden Retriever, stimmt's? Die lieben Wasser. Ehe du dichs versiehst, springt er in den Teich. Pass gut auf den Prachtkerl auf. Und noch was." Er kicherte. „Du solltest ihn besser erziehen. Er hört ja gar nicht auf dich. Wenn du mich besuchen kommst, verrate ich dir, wie man das macht."

Nachdenklich ging Oskar weiter. Caruso gehorchte tatsächlich nicht besonders gut. Und da das Buch über Hundeerziehung immer noch verschwunden war, würde sich vorläufig auch nichts daran ändern.

Oskar blieb stehen und sagte streng: „Sitz!" Wie üblich interessierte das den Hund wenig. Auf Sitzen hatte er keine Lust. Viel lieber zog er Oskar weiter bis zur Gärtnerei.

Gartenbau Lehmann – Sommerblumen, Erdbeeren, Gurken, Tomaten und Salat aus eigenem Anbau stand auf einem großen Schild. Na bitte. Wenn hier wirklich alles vergiftet wäre, dürften die doch kein Gemüse verkaufen. Der alte Mann litt an Wahnvorstellungen, genau wie Oskar vermutet hatte. Dennoch ließ er den Hund vorsichtshalber nicht von der Leine.